沉睡六千年的 半坡遺跡

張禮智 著

石器時代和你想的不一樣！
還原讓六千年前的真相！
半坡村遺跡告訴你古代生活樣貌——

沉睡六千年的半坡遺跡

目錄

引子

第一章　無名規劃師和建築師的傑作

　　第一節　「原」來如此——小小半坡村的巨大地理背景　　10

　　第二節　二級階地——關中地區原始先民對居址的最早選擇　　11

　　第三節　生活生產巧安排——村落的功能佈局　　14

　　第四節　村莊的防禦工事——大圍溝（局部）　　16

　　第五節　營窟檜巢成往事——方房子、圓房子的技術和社會內涵　　18

　　　（一）會議中心——居住區最大的大房子　　18

　　　（二）眾星拱月——環繞在大房子四周的小房子　　21

　　　（三）方圓規矩——半坡人對建築形式的嫻熟把握　　22

　　　（四）套路與創新——自始至終的匠心　　28

　　　（五）建造步驟　　30

　　　（六）其他建築遺址　　31

　　第六節　最早的風水？　　33

第二章　工欲善其事，必先利其器——那些引領時代的生產工具

　　第一節　農業生產工具　　36

　　　（一）只幾個石頭磨過——劃時代的石器製造方法　　37

　　　（二）生產工具種類的暗示　　37

　　第二節　狩獵和捕魚生產工具　　47

　　　（一）與先民為伴的動物——氣候與環境的可靠證據　　48

3

（二）	漁獵工具——堪稱神品的巧思		51
第三節	豐富多彩的手工業工具		58
（一）	紡輪——告別「未有麻絲、衣其羽皮」的時代		58
（二）	穿針引線——生活就這樣越來越精緻		59
（三）	石硯——升級版的研磨器，還是史前第一塊硯臺？		62

第三章　衣缽萬事——隱藏在陶器上的生活密碼

第一節　盆盆罐罐才是家——陶器為代表的生活用具		66
（一）炊器		67
（二）飲食器		70
（三）水器		74
（四）儲藏器		78
（五）陶窯		81
第二節　無所不在的弧線——半坡人生活中的藝術		82
（一）弧線之美		82
（二）「底線」之變		83
（三）細節之妙		84
第三節　飽食暖衣——吃什麼？穿什麼？如何加工？		85
（一）六畜尋跡		85
（二）家有餘糧心不慌——半坡氏族的糧食儲藏		88
（三）編與織的印痕——織女時代的到來		91

第四章　浸染在原始藝術中的精神世界

第一節　紋飾		96
（一）繩紋		97
（二）線紋		97
（三）弦紋		97
（四）剔刺紋		98

（五）　附加堆紋　　　　　　　　　　　　　　　　　　　　　　101
第二節　繪畫　　　　　　　　　　　　　　　　　　　　　　　　　103
　　（一）　俯察品類之盛——半坡藝術家畫筆下的動植物　　　　　103
　　（二）　幾何形圖案花紋——半坡藝術家的創造性成就　　　　　107
　　（三）　魚紋與三角形的「血緣關係」——魚紋如何演變為幾何圖案　113
　　（四）　什麼山上唱什麼歌——彩陶花紋與陶器器形的關係　　　115
　　（五）　仰觀宇宙之大——半坡藝術家畫筆下的魚神　　　　　　117
第三節　雕塑　　　　　　　　　　　　　　　　　　　　　　　　　127
　　（一）　人頭塑像　　　　　　　　　　　　　　　　　　　　　127
　　（二）　陶塑動物形象　　　　　　　　　　　　　　　　　　　127
第四節　配飾　　　　　　　　　　　　　　　　　　　　　　　　　129
第五節　陶哨　　　　　　　　　　　　　　　　　　　　　　　　　130
第六節　天書——無法識讀的刻畫符號　　　　　　　　　　　　　131
　　（一）　前所未有的發現——半坡遺址刻畫符號的出土情況　　　132
　　（二）　謎團——刻畫符號的最初解讀　　　　　　　　　　　　137
　　（三）　文字的先聲？——刻畫符號研究的新進展　　　　　　　138

第五章　魂離奇破——半坡人的死亡觀

第一節　公共墓地——氏族成員的終極歸宿地　　　　　　　　　　142
第二節　並不可怖的死亡——成年人的葬禮　　　　　　　　　　　143
第三節　埋葬方式的含義　　　　　　　　　　　　　　　　　　　144
　　（一）　面向和姿勢——葬式的無言訴說　　　　　　　　　　　144
　　（二）　合葬的含義是什麼？　　　　　　　　　　　　　　　　145
　　（三）　割體葬儀——匪夷所思的舉動　　　　　　　　　　　　146
第四節　隨葬品的數量、組合及其寓意　　　　　　　　　　　　　148
第五節　神祕的凋謝——埋葬夭折小孩的甕棺葬　　　　　　　　　149
第六節　一個神祕的半坡小女孩　　　　　　　　　　　　　　　　151

沉睡六千年的半坡遺跡

第六章　半坡人和半坡社會

　　第一節　祖先的形象——半坡人的頭像復原　　　　　　　　154
　　第二節　母系氏族公社——半坡人的社會組織　　　　　　　155
　　　（一）半坡人的鄰居們　　　　　　　　　　　　　　　　156
　　　（二）房子裡住的是什麼人？住多少人？　　　　　　　　157
　　　（三）村裡有多少人？　　　　　　　　　　　　　　　　157
　　第三節　祭祀——讓祈禱的聲音直達天庭　　　　　　　　　158
　　第四節　由魚到鳥——文化形態的巨大變化　　　　　　　　159

第七章　何以半坡——一座原始村落被發現、發掘和傳承的價值

　　第一節　發現——作為史前村落的半坡　　　　　　　　　　162
　　第二節　背景——和平建設時期的開端　　　　　　　　　　163
　　　（一）到半坡去看考古——60年前的一句時髦話　　　　 163
　　　（二）進入歷史教科書　　　　　　　　　　　　　　　　164
　　第三節　發掘——作為考古典範的半坡　　　　　　　　　　164
　　第四節　傳承——作為博物館的半坡　　　　　　　　　　　166
　　　（一）劃時代的舉措——就地保護遺址　　　　　　　　　167
　　　（二）現場陳列——史前遺址博物館陳列體系的創建　　　169
　　　（三）史前工廠——豐富多彩的教育活動　　　　　　　　170

引子

歲月總是這樣的無常：一方面將過去的痕跡掩埋得乾乾淨淨，一方面又在不經意間時不時地撩開歷史帷幕的一角，帶來意外驚喜的同時，也使後來的人們有機會窺探遙遠的過去時光。1953年，這一幕再次上演。這次的主角是6000年前的一座原始村莊。

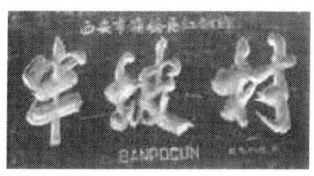

西安東郊的半坡村，1953年，在這個關中渭河流域再普通不過的村莊的北邊發現了一座原始社會村莊的遺址，隨後進行了大規模的考古發掘，使這個村莊蜚聲中外。

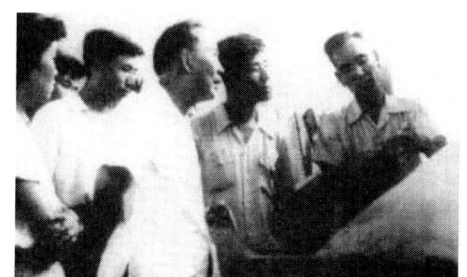
1959年7月，中國科學院院長郭沫若考察半坡遺址，並為西安半坡博物館寫了館名

當地民眾參觀半坡遺址發掘現場

1954年至1957年半坡遺址的發掘，是當時一件轟動一時的大事。面對參觀熱情高漲的民眾，考古工作者索性在土崖下現場辦起了展覽會。這場面也激發了當地農民積極的捐獻文物。

那麼，在這裡究竟發現了什麼，引起民眾如此的關注和熱情？

沉睡六千年的半坡遺跡

第一章 無名規劃師和建築師的傑作

沉睡六千年的半坡遺跡

已有的石器時代考古學知識告訴我們，受生產力水準的限制，人類經歷了漫長的透過採摘、狩獵或捕撈獲取食物的舊石器時代。直到距今約一萬年前，因為農業的出現，人們開始了定居的生活，可以從容地規劃自己的生活了。這是一個了不起的變化，是一個翻天覆地的變化：人類用數百萬年探索的腳步換來了一個全新的時代——新石器時代，遍佈世界各個角落的史前遺址都證明這樣一個史實：人類文明從此進入一個加速度發展的節奏。

半坡原始社會村莊遺址為今天的人們提供了一個典型的例證。

第一節
「原」來如此——小小半坡村的巨大地理背景

關中盆地原是一個大湖，地質學家稱之為三門湖。隨著地質的變遷，湖水漸漸退去，湖底露出來，成為今天的關中盆地。

關中盆地夾持於陝北高原與秦嶺山脈之間，南北兩側山脈不斷上升，盆地徐徐下降，形成地塹式構造平原，即關中平原，也稱渭河平原。渭河平原形成後，因地殼間歇性變動，以及河流的不停流淌、

關中盆地

下切，形成了高度不等的階地，當地稱之為「原」，自上而下如階梯狀，被稱為頭道原、二道原、三道原。和當地的稱謂不同，地理學家則是從河面算起，離河面最近的為一級階地，依次往上為二級階地、三級階地，以此類推。

第一章　無名規劃師和建築師的傑作
第二節　二級階地——關中地區原始先民對居址的最早選擇

這樣的「原」有多少？這是一個很難有統計結果的數位，因為在關中地區渭河南北支流如網密佈，水流切割形成的階地，大大小小，可真是不少。僅西安附近就有渭河、涇河、灃河、澇河、潏河、滈河、滻河、灞河八條河流環繞，古稱「八水繞長安」。由這些河流切割而形成的著名的「原」，有少陵原、神禾原、白鹿原等。半坡村就在滻河邊上的白鹿原下。

第二節
二級階地——關中地區原始先民對居址的最早選擇

當地所稱的三道原相當於地理學家所說的二級階地。半坡村就建在滻河東岸的二級階地上。

置身於半坡遺址保護大廳，滿眼坑坑窪窪的遺址，很可能會引發你的第一個問題：為什麼他們會選擇在這個地方修建自己的村莊？讓我們先來看看《管子·乘馬》篇中的一段話：「凡立國都，非於大山之下，必於廣川之上；高毋近旱，而水用足；下毋近水，而溝防省；因天材，就地利。」

翻譯成白話文，大意是「凡是營建都城，不把它建立在大山之下，就一定在大河的近旁。高不可近於乾旱，以便保證水用的充足；低不可近於水潦，以節省溝堤的修築。要依靠天然資源，要憑藉地勢之利」。

遺址一角

浙江余姚河姆渡遺址出土的干欄式建築遺址

這一段話寫的是國都選址的標準，但實際上也是對人類居住環境的經驗總結。《管子》一書成書於戰國時期，我們有理由相信這段論述包含了此前的人們關於居址選擇的智慧。

可見，居址的選擇一開始就不是無關緊要的事情。縱觀中國各地新石器時代村莊遺址，我們驚訝地發現，無論地理環境是如何地迥異，先民們都能找到最適合的地點，以最適合當地條件的方式建造自己的村莊。

復原起來的干欄式建築

在浙江省的河姆渡遺址，依據出土遺址復原的是一種干欄式建築。這種在木或竹柱底架上建築的高出地面的建築，非常適合雨水較多或比較潮濕的地方。

而在相對乾燥和少雨的黃河流域，建造房屋就要簡單得多。多數情況下都是直接在地面上建造房子，時代更早一點的甚至在地下挖出居住的空間。這全是拜氣候

第一章　無名規劃師和建築師的傑作
第二節　二級階地——關中地區原始先民對居址的最早選擇

乾燥所賜。

　　儘管如此，村莊位置的選擇還是頗有講究的。考古研究發現，關中渭河流域新石器時代村落的選址大都位於河流兩岸的二級階地上。這一現象絕非偶然，合乎邏輯的解釋是：這種環境距離水源較近，而又不至於有水患之虞。

　　《詩經》中對公劉選擇聚居地的描述可以作為參考：

篤公劉，	忠厚公劉志不凡，
逝彼百泉，	來到眾泉岸上邊，
瞻彼溥原。	放眼瞭望大平原。
乃陟南岡，	登上南面高山看，
乃覯於京。	發現京師好地盤。
京師之野，	京師原野多寬闊，
於時處處，	在此定居建家園，
於時廬旅，	在此居住把房蓋，
於時言言，	在此盡情把話談，
於時語語。	歡聲笑語喜連天。

● **知識連結**

階地

　　由於河流的侵蝕和堆積作用而形成的沿河谷兩岸伸展、高出洪水期水位的階梯狀地形。一般河谷中常形成一級或幾級階地，每一級階地都是由階地面和階地坎組成。階地面比較平坦，微向河流傾斜。階地面以下為階地陡坎，坡度較大。階地高度一般指階地面與河流平水期水面之間的垂直距離。階地的級數由下而上順序排列，高於河漫灘的最低一級階地，稱為一級階地，向上依次為二級階地、三級階地等。在同一河谷橫剖面上，階地的相對年齡一般是低階地新，高階地老，階地的海拔高度一般是從下游向上游增高。

二級階地剖面示意圖

第三節
生活生產巧安排——村落的功能佈局

　　選址的步驟完成之後，便是村落功能佈局的安排。半坡聚落遺址東西最寬處近 200 公尺，南北最長為 300 餘公尺，總面積約 5 萬平方公尺。經勘探，居住區約占 3 萬平方公尺，北部約 1/5 的面積已經被發掘。考古揭示的遺址分佈——生活區、製陶區和墓葬區，清晰地體現了半坡人高超的規劃能力：一條環狀大圍溝圈定的是居住區，大圍溝之外，北邊是墓葬區，東邊是製陶區。

　　集中的公共墓地是原始氏族社會秩序的一種體現，將生前聚居生活的氏族成員集中在一起埋葬，反映了原始居民的某種信仰。事實上，這種居住區與墓葬區隔離的劃分方法，是符合衛生要求的一種重大進步。為了生產的便利而將陶窰集中為一區，反映了半坡人成熟的規劃意識。關於製陶區和墓葬區的情況在後面會陸續提到，本章只介紹生活區的基本情況。

第一章　無名規劃師和建築師的傑作

第三節　生活生產巧安排——村落的功能佈局

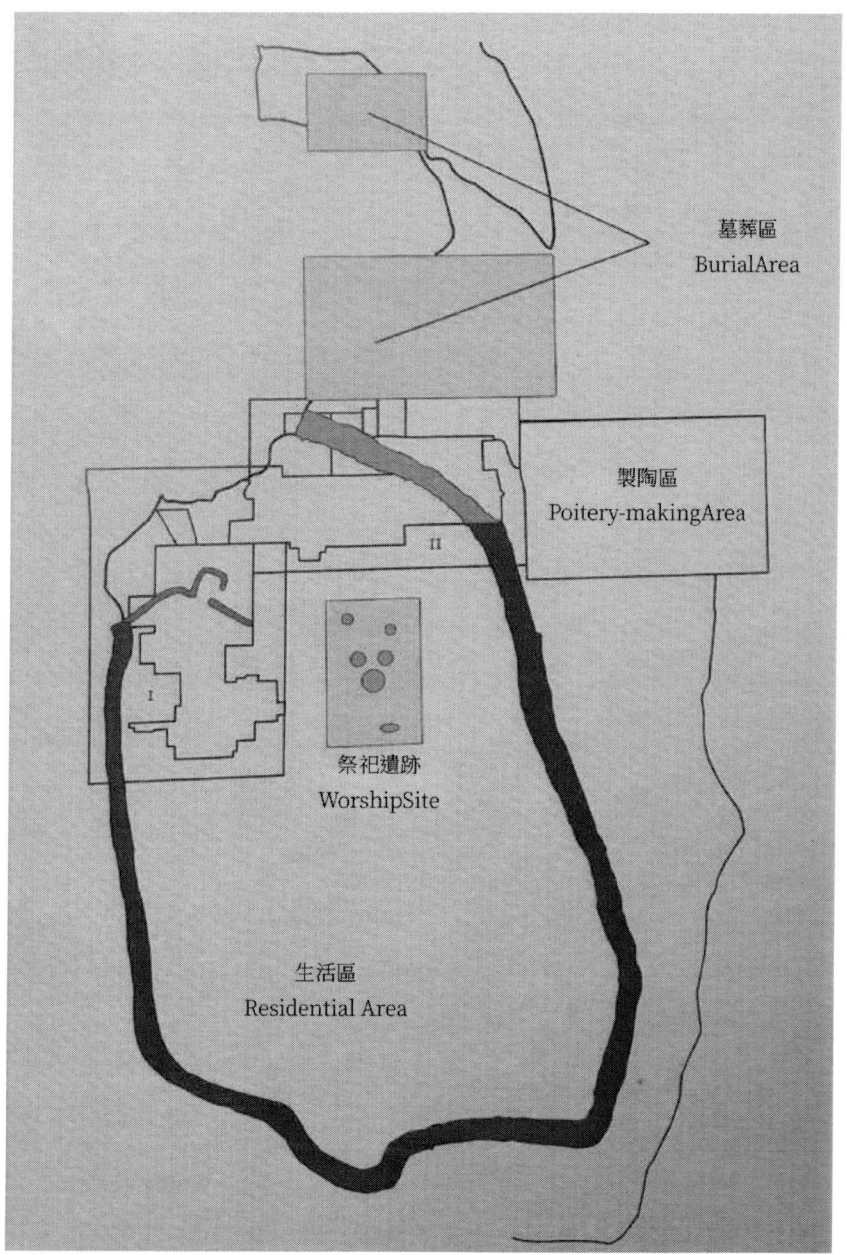

半坡遺址平面佈局圖（西側的圍溝應為虛線，以示被破壞）

沉睡六千年的半坡遺跡

第四節
村莊的防禦工事——大圍溝（局部）

　　根據考古學家的發掘和鑽探，殘存的圍溝總長300餘米。已經發掘的部分顯示，大圍溝上寬下窄，上口寬6～8公尺，底部寬1～3公尺，深5～6公尺。對沒有金屬工具的史前人們來說，這是一項不小的工程。

居住區的小溝

村莊的防禦工事——大圍溝

　　在已經發掘的居住區遺址中，考古學家還發現了兩條互不相連的小溝，其用途尚不明晰。對此的推測有兩種：第一是為防止家畜外逃而設；第二是用以區分不同的氏族，或者同一氏族中的不同家族。

第一章　無名規劃師和建築師的傑作
第四節　村莊的防禦工事——大圍溝（局部）

半坡村落復原模型

　　這是依據考古遺跡復原起來的半坡村落模型，從平面佈局上，我們可以看到半坡遺址曾經是一座功能完整的原始村莊。如果我們將大圍溝視為挖土形成的高牆，相對於溝底來說，它基本起到了後來的城牆的作用，使整個居住區近似一個「台城」。如此，則其防禦功能就很明顯了，這在缺乏火器和有效進攻武器的史前時期能有效地防禦野獸或其他部族的侵襲。

　　從地形來看，大圍溝可能兼做排洪的水溝。從模型上能看出，與居住區關係密切的水源、耕地、陶窯以及公共墓地都在大圍溝之外，那麼，半坡人是如何解決居住區與大圍溝之外的交通問題的？換句話說，當時有橋樑之類的設施嗎？

　　你可能已經注意到了，模型西部有一座通向大圍溝之外的橋樑。考古學家作出這樣的推斷，也並非憑空猜測。首先，半坡人已經熟練地掌握了房屋建築技術（下面會談到），據此情況推測，架橋技術在此時應已被掌握。其次，也是最重要的，在大圍溝北部的溝底曾發現三根直徑約 0.15 公尺的炭化木柱痕跡，保存最長的有 1.3 公尺，三柱間距各在 4 公尺左右，這可能是溝北橋樑木構的遺存。據此，可以推測西邊圍溝上原來可能有橋。

沉睡六千年的半坡遺跡

第五節　營窟檜巢成往事
——方房子、圓房子的技術和社會內涵

《禮記·禮運》中這樣描述遠古時期的居住狀況：「昔者先王未有宮室，冬則居營窟，夏則居檜巢。」「營窟」是說四周用壘土為窟而居，「檜巢」是說聚集柴木為巢而居，描述的是一幅遷徙無常的場景。半坡聚落中密佈的建築遺址告訴我們：半坡人已經告別了那個居無定所的時代。

（一）會議中心
——居住區最大的大房子

現如今，6000年前的房屋建築已經蕩然無存，想要一睹先民房屋的原貌是沒有可能的了。好在經過考古學家和建築史家的不懈努力和精誠團結，我們仍然有機會窺探半坡人房屋的基本面貌。

一號大房子遺址

第一章　無名規劃師和建築師的傑作
第五節　營窟檜巢成往事——方房子、圓房子的技術和社會內涵

考古學家在居住區內發現了一座面積達 160 平方公尺的長方形房子遺跡，這座房子十分特殊。

位置特殊。就已發掘的居住區北部 46 座房子遺跡來看，入口基本為南向。據國外同類遺址遺跡民族學資料，環形佈局約為民族聚落的典型規劃，據此可以推測，遺址南部住房的門應北向。換句話說，這座大房子位於居住區的中央。這種向心的佈局被在後來與半坡遺址相隔只有 20 多公里且文化面貌完全相同的姜寨遺址的發現所證實。

姜寨遺址村落復原圖

粗壯的柱礎。雖然這座大房子的西牆和北牆破壞嚴重，但是其他部分所留的柱礎卻很清晰。在房子東南和東北轉角處留下來的柱洞一般直徑在 0.15 公尺，最大的竟然達到了 0.27 公尺；深度最深的達 0.7 公尺。有些柱洞還有加固的泥圈。

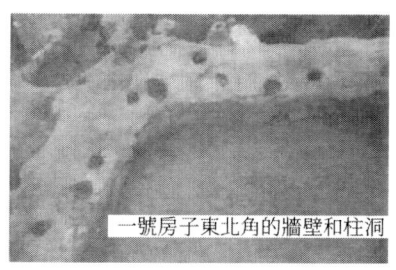

一號房子東北角的牆壁和柱洞

特設的「附壁柱」。在北牆和南牆分佈有密集的附壁柱，有的緊貼牆壁，有的與牆壁之間有很小的縫隙，都用草泥土與牆壁黏合在一起。這種附壁柱對撐持屋頂能起到輔助作用。

沉睡六千年的半坡遺跡

一號房子北壁的附壁柱堆積情況

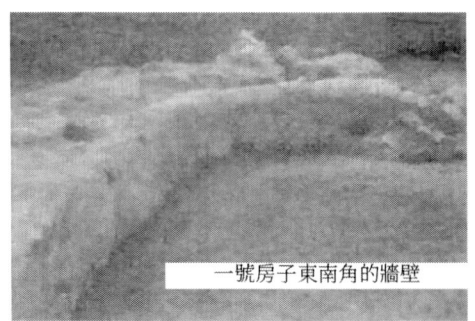
一號房子東南角的牆壁

一號房子內的超大柱洞

堅實的牆面。殘存的內牆有0.1～0.2公尺厚的泥層，用黃土加草筋、樹枝和樹葉製成，表面光滑平整，因用火烤過，所以非常結實。

房子內的超大柱洞。房子內一般都有支撐屋頂的柱子留下的柱洞，但一號房子內的柱洞有其特別之處。首先，直徑超大，最大的一個直徑達0.45公尺，是半坡遺址中發現的最大的柱洞。其次，柱洞不止一個，而且分布有規律。屋內西邊兩個柱洞

一號大房子復原圖

第一章 無名規劃師和建築師的傑作
第五節 營窟橧巢成往事——方房子、圓房子的技術和社會內涵

位於一條南北直線上,東邊靠南有一個柱洞殘痕,以此類推,在東邊靠北處還應有一個柱洞。根據以上分析,考古學家認為整個房子是一座由四根超大柱子支撐起來的大房子。

地面以下的祕密。在這座大房子西邊的地面之下,考古學家還發現了一個帶蓋的粗陶罐,在南壁下的白灰層中還發現了一個人頭骨。這些特殊的現象都指向一個事實:這座房子曾經受到特別的關注,在半坡人的心中具有重要的地位。考古學家推測,這座房子是氏族成員共同的活動場所。

一號房子居住面下面帶蓋的粗陶罐

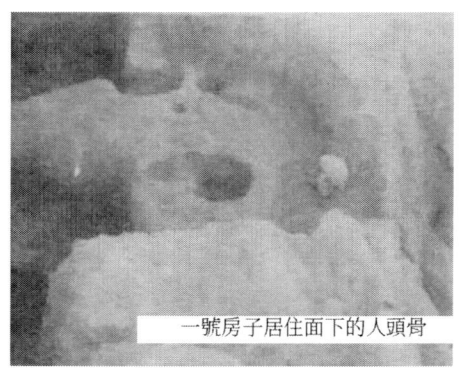
一號房子居住面下的人頭骨

(二) 眾星拱月
——環繞在大房子四周的小房子

如前所述,半坡遺址中的小房子圍繞中心的大房子作環形分佈,全部面向廣場開門。在客觀上,這樣的佈局使約半數房子的日照、通風條件較差。這雖然使部分居住者的利益受損,但在突出氏族的公共利益,也就是保證大房子的中心地位面前顯得微不足道,正好體現了集體生活是史前社會中的崇高原則——向心不僅僅是一種形式,更是力量的體現。

圍繞大房子的建築單體錯落有致,考古學家在研究中發現了更多的資訊。

沉睡六千年的半坡遺跡

（三）方圓規矩
——半坡人對建築形式的嫺熟把握

　　半坡遺址中出土的房屋遺址，從平面看分為方形和圓形兩種，那麼，這兩種建築形式，究竟哪一種在先？哪一種又更容易一些？這是一個暫時無法回答的問題。因為據已有的考古資料，無論是方形房子還是圓形房子，在半坡遺址的早晚期都有。從平面來看，兩種房子的共同之處很多：周邊有明顯的柱洞，屋內有支撐屋頂木柱留下的粗大柱洞，房子中心有用於做飯和取暖的灶坑。不過仔細觀察兩種房子的平面圖，我們會發現一個很有意思的現象：方形房子的門道位於房子的外面，而圓形房子的門道是縮進到屋內的。可見，半坡人在建築形式上對方和圓的概念的把握是很嫺熟的。

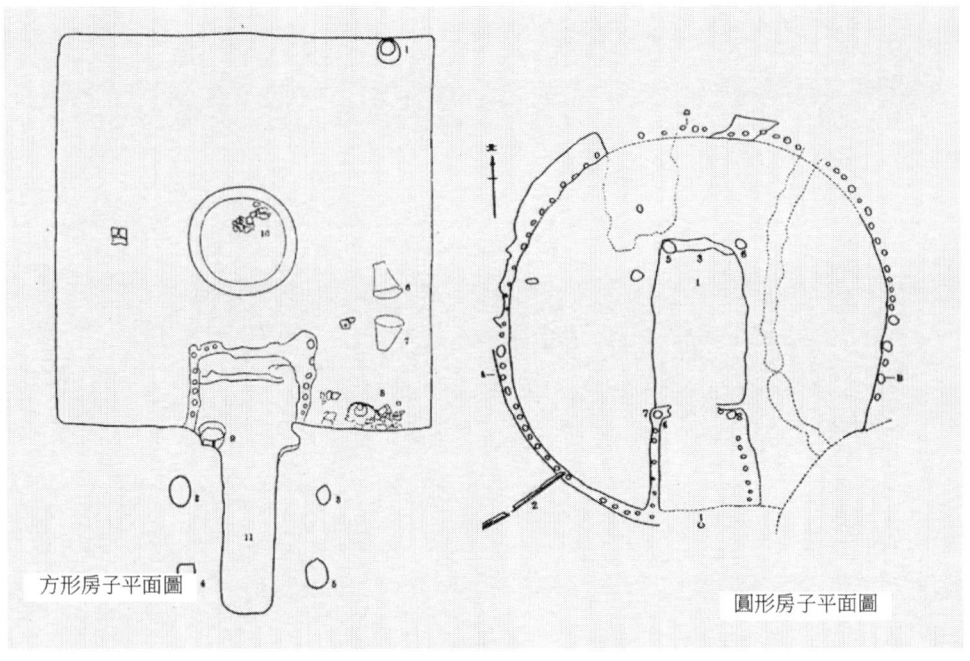

方形房子平面圖　　　　　　　　　　　　　圓形房子平面圖

22

第一章　無名規劃師和建築師的傑作
第五節　營窟檜巢成往事——方房子、圓房子的技術和社會內涵

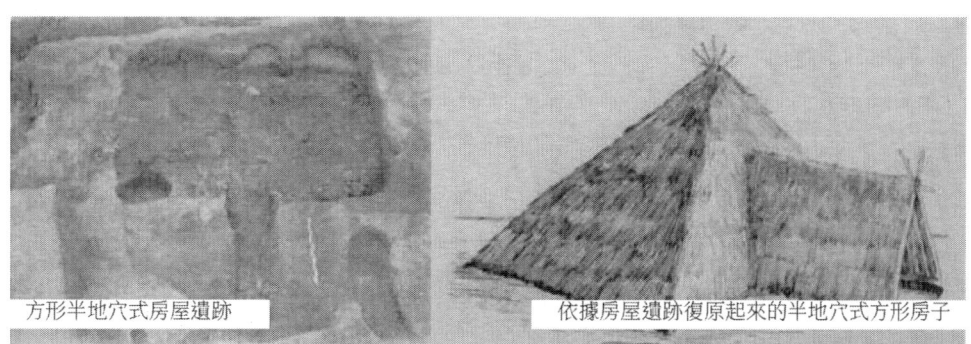

方形半地穴式房屋遺跡　　　　　依據房屋遺跡復原起來的半地穴式方形房子

無論是方形房子還是圓形房子，又各有半地穴式和地面木架建築兩種形式。

半地穴式方形房屋一般是向地下挖一個0.4～0.8公尺深的方形大坑，以坑壁作牆壁，然後在牆壁上架起木椽，最後敷以草泥或鋪上茅草。

這座半穴居圓形房子內有六根柱子的遺跡，復原起來像一個倒覆的碗。比較起來，半穴居圓形房子的有效利用空間更大一些，但是屋頂的排水問題如何解決卻頗費思量。

值得一提的是，這座房子倒塌之後的狀況被原封不動地保留了下來，不但為房屋的復原提供了可信的依據，而且屋內的遺留物也可以為我們提供了當時生活的一些資訊。在這座房子中，共出土了粗陶罐1件，小罐5件，細泥圓底缽3件，石杵2件，陶銼、石斧、骨錐各1件。

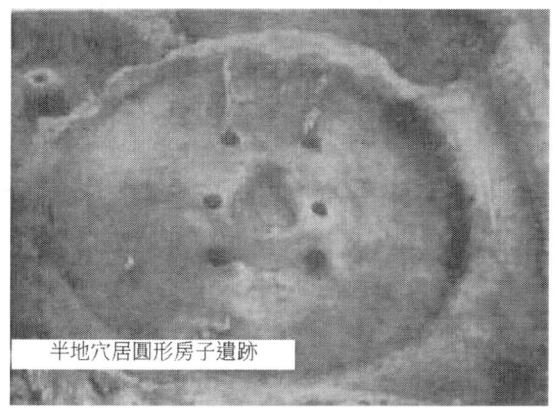

半地穴居圓形房子遺跡

復原的半地穴式方型房子剖面

沉睡六千年的半坡遺跡

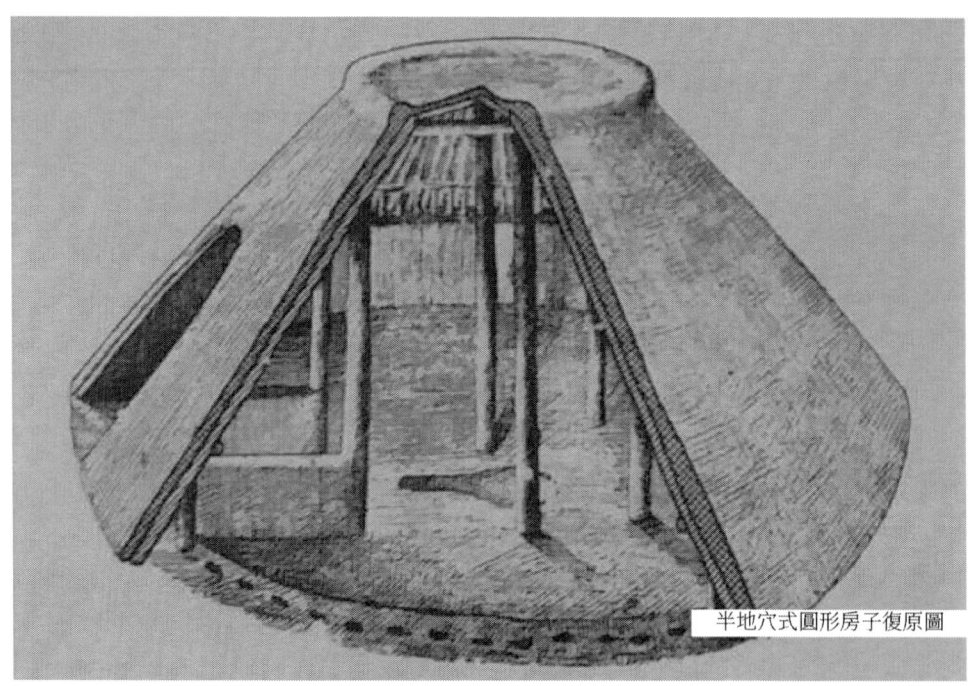

半地穴式圓形房子復原圖

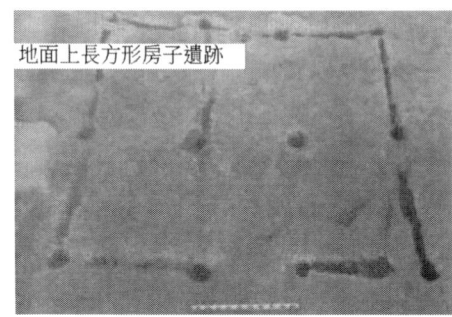

地面上長方形房子遺跡

傳統的北方民居

　　這是一座在地面上構建的長方形房子。依據其遺留的排列整齊的3排共12個柱洞，考古學家和建築學家將之復原為一座兩面坡的房子，這很可能就是中國北方人字形兩面坡房子的雛形。

　　這是一座典型的地面上木架建築的圓形房子。依據留存的各種遺跡，復原起來是一座直壁尖錐頂的圓形房子，造型十分養眼。

　　需要說明的是，半坡人在這裡居住的時間長達900餘年，因此其房屋建築並非

第一章 無名規劃師和建築師的傑作
第五節 營窟檜巢成往事——方房子、圓房子的技術和社會內涵

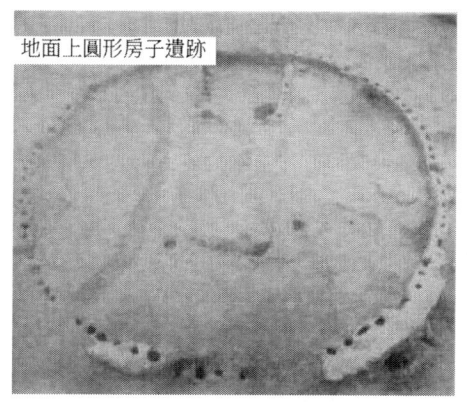
地面上圓形房子遺跡

地面上圓形房子復原圖

同一時期建成,而是經歷了不止一次的廢棄和重建的過程。一處殘留疊壓的三座圓形房子的牆基柱洞,清楚地告訴我們,這裡曾經多次被作為建築的基礎,屋內層疊的灶坑也敘述著滄桑的歲月。除此之外,似乎暗示這個地方得到半坡人特別的青睞。

● 知識連結

<u>疊壓和打破</u>

在考古學上,考古學家將一個堆積積壓於另一個堆積的現象叫作疊壓。將溝穴類遺跡在形成時破壞原來的堆積的現象叫作打破。疊壓和打破是考古學家判斷遺跡早晚先後的重要依據。

多次建造房屋遺跡

編號41號的方形房子焚毀遺跡全貌

第一章　無名規劃師和建築師的傑作
第五節　營窟檜巢成往事——方房子、圓房子的技術和社會內涵

好吧，現在來回答一個一直以來就使你感到困惑的問題：從房屋的基址為什麼能推斷出建築的形狀？可靠嗎？

基於建築理論的推測，其說詞可能因為太專業而不受歡迎。這裡只說兩個直接的依據。

編號 41 的房屋遺跡是一座失火後廢棄的房子的遺跡，留下的炭化椽痕約有 20 多根，基本呈現四周向中心倒置的狀態，由此可知其屋頂大概呈四角攢尖的形狀。考古學家和建築學家正是依據這些跡象，將

武功縣遊鳳遺址出土房屋模型

它復原成了一座帶有門棚的四角攢尖式的房子。

如果這個證據還不夠具體，那麼這件陶屋模型會讓你不再有什麼懷疑。這是一件出土於西距西安半坡遺址不足 100 公里的武功縣遊鳳遺址的房屋模型，具體真實地顯示了新石器時代房屋建築的特點。

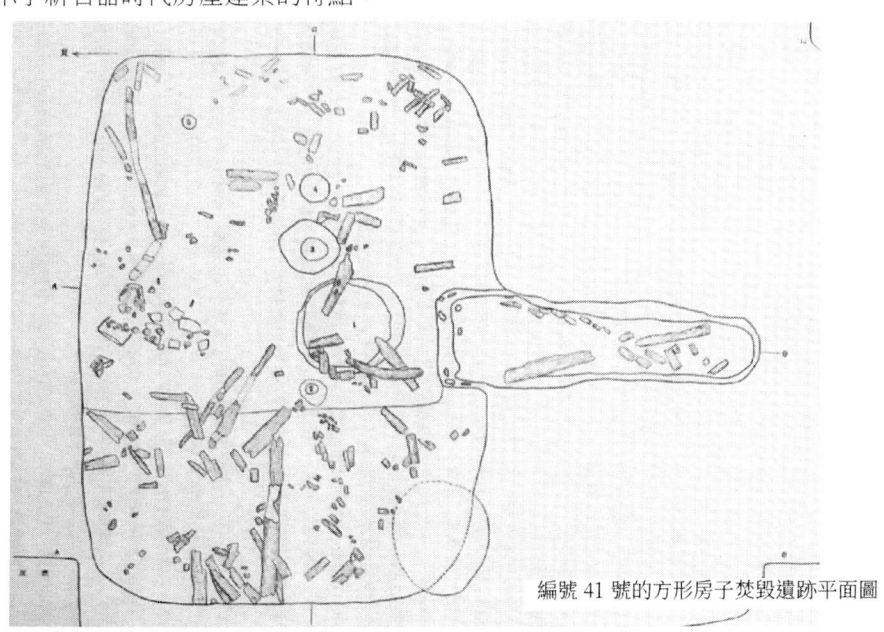

編號 41 號的方形房子焚毀遺跡平面圖

27

沉睡六千年的半坡遺跡

（四）套路與創新
——自始至終的匠心

　　仔細地梳理當時半坡人的建築技術，我們能體會到他們在技術進步中不懈努力的軌跡。

1. 大叉手與木骨泥牆

　　半穴居房子的建造是先就地削土形成「四壁」，然後在「四壁」之上利用樹木枝幹及其他植物莖葉構成頂部圍護結構，這可以說是土木合構的中國古典建築的雛形。

　　利用樹木枝幹作骨架，植物莖葉或外敷泥土作面層，構成豎穴頂部遮蔭避雨、防風禦寒的圍護結構，這是一項重大的發明。在結構學上，說明人們已經開始掌握木構杆件架設空間結構的技術，出現了柱和椽，由交叉的長椽構成大叉手屋架。這也說明柱和椽是先於牆出現的。初期房屋沒有牆體，側部圍護結構的「四壁」是削地而成。環繞居住區周圍的大圍溝，實際上也是削地而成的「圍牆」（相對於溝底來說）。在土結構方面，遠古先民在開始時還不掌握壘築技術。增築壁立的泥土結構，是在半穴居建造技術的啟示下創造出來的，是從木骨泥牆開始的。

2. 栽柱暗礎

　　在早期的房屋中，柱基並沒有做特殊處理。在較晚的方形建築中，柱基的處理方式有所改進，取質地細密的淺色泥土作柱坑回填土，其做法近似於三合土，黃土中似摻有石灰質材料，加水混凝，乾結後會有較大的強度。還有在柱坑回填土中摻顆粒骨料的，如加入紅燒土渣、碎骨片、加砂粗陶片等，這可以增強柱腳的固定性。有的柱洞底部墊有 0.1 公尺厚的黏土層，柱腳側部斜置兩塊扁礫石用以加

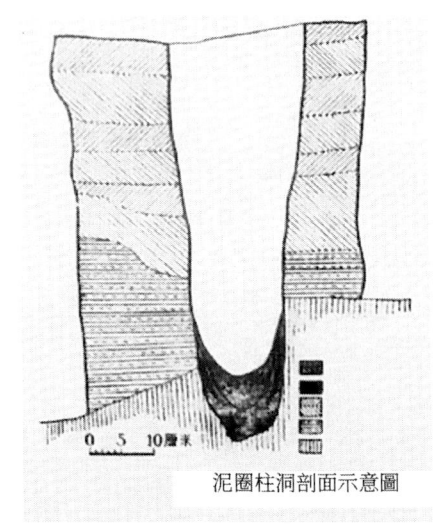

泥圈柱洞剖面示意圖

泥圈柱洞遺跡

固,周圍的回填土有分層夯築跡象。這對於提高柱基的密實程度十分有效。

這種泥圈柱洞在遺址中出土較多,直徑一般在 20 公分左右,深 10～70 公分不等,泥圈厚度為 4～17 公分。這種柱洞很容易使人聯想到中國古建築中無所不在的柱礎。

3. 防潮措施

由於土壤的毛細現象,水分會不斷地上升到地表面,屋內地面的潮濕是可以想像的。《墨子》一書中就有「下潤濕傷民」的記述,因此,我們推測探求防潮的辦法可能在穴居時代就開始了。半坡時期已經出現了燒烤防潮工藝,因為考古學家發現半坡遺址房屋內的居住面、牆體甚至屋頂都有燒烤過的痕跡。

4. 排煙通風口——囪

囪是房屋頂部用於排煙通風的口子。從出土的遺跡判斷,半坡遺址中時間稍晚的房屋頂部設有排煙通風口。此外,武功縣遊鳳遺址出土的房屋模型也印證了囪的存在。

5. 原始的室內裝修

半坡先民已經有了原始的室內裝修意識。其實這並不難理解，黃土調水成泥，是一種天然的可塑性材料。對於已掌握製陶技術的半坡人來說，將其用到建築上也是情理之中的事。例如，有的牆壁是用草泥土培起來的，表面除用手指直接壓抹外，還用小的工具加以捶實，因而比較光滑平整。

（五）建造步驟

下面，讓我們以圖畫的形式描述一下圓形房子的建造步驟。

(1) 選擇適當的建築地點。

(2) 設立木柱。

(3) 架屋頂，塗草泥。

(4) 燒烤地面，做防潮處理。

窖穴

（六）其他建築遺址

1. 原始社會的儲物庫——窖穴

半坡遺址中發現了大大小小的窖穴 200 多個，多數密集地分佈在居住區內，和房屋交錯在一起。比較早期和晚期的窖穴，考古學家發現：早期的窖穴形式多樣，晚期的窖穴則多數是口小底大的圓形袋狀坑；早期的窖穴容積較小，晚期的窖穴容積加大，說明了生產水準的提高和生活資料的增多。

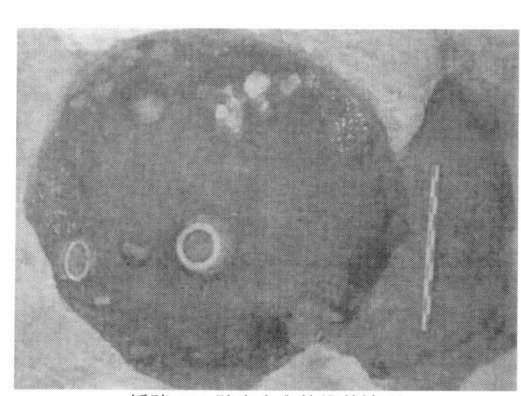

編號 129 號窖穴內的堆積情形

窖穴廢棄之後往往成了生活垃圾的傾倒場所，其中出土的東西多是生活資料的殘餘，如獸骨、魚骨、螺殼、果核等，還有一些生產工具或生活用具。甚至個別窖穴中還發現了人骨架，當是一種特殊情況。所以，考古學家又將這類遺跡稱作「灰坑」。

31

沉睡六千年的半坡遺跡

● 延伸閱讀

灰坑

　　灰坑，考古學術語，是古代人類留下的水井、窖穴等形成。的遺跡之一，其中包含物較之建築遺跡、灰坑有可能是垃圾坑，也有可能是儲物墓葬都更為豐富，包含了很多當時在此生坑（或窖藏），有可能是祭祀坑，各種坑都活的人們有意或無意留下的物品，如陶器有其成因。而且，灰坑有自然坑和人造之等。其特點是主要呈灰色，或者夾雜其他分，自然坑是人利用自然形成的灰坑來做垃因有機物分解而形成的顏色，如褐色，土圾坑、儲物坑、祭祀坑，而人造的坑則是人質較同一地點的其他土要軟，主要由廢棄本身挖的坑。

2.圈欄，還是瞭望哨──兩處沒有居住痕跡的建築遺址

在居住區北邊靠近大圍溝和兩個小溝之間，考古學家發現了兩個長條形的建築遺跡，其中均未發現灶坑或居住面等居住遺跡，因此其用途尚不明。發掘者認為，有可能是飼養家畜的圈欄。有的研究者則根據其位於大圍溝及小溝附近，認為其有可能是用於觀察的瞭望哨。

圈欄遺跡

第一章　無名規劃師和建築師的傑作
第六節　最早的風水？

第六節
最早的風水？

在本章結束時，我們很願意介紹一種解讀半坡遺址建築的新觀點。有的風水理論研究者認為，風水文化早在原始社會末期就已經開始萌芽，因為6000多年前的半坡村莊已經是一個典型的風水例證。下面這兩張示意圖表達了這種觀點的依據。當然，這種觀點是否可信，還有待更多的資料來驗證。我們更關注的是，半坡文化的先民是在一種怎樣的環境中，用什麼樣的工具和技術，在怎樣的精神狀態下完成了文化的創造？

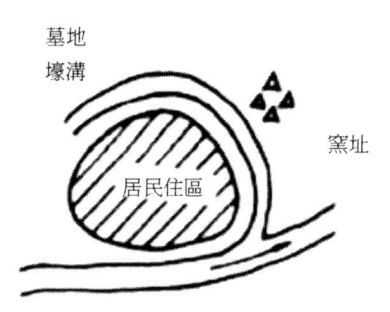

半坡原始村落依山面水、二水交匯合口風水形局

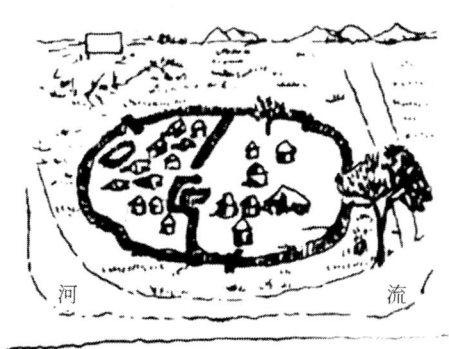

半坡原始村落平面佈局圖

沉睡六千年的半坡遺跡

第二章 工欲善其事,必先利其器
——那些引領時代的生產工具

沉睡六千年的半坡遺跡

到底是生產工具的繁複改變了人們的生活，還是人們的生活習慣改造了生產工具？這或許是一個不能一下子說明白的問題。但是，種類繁多的生產工具就在那裡，這是一個事實。而且，越是深入研究這些工具，我們越是欽佩祖先的創造力。

不過，在探討這些生產工具之前，我們必須強調一個事實：這些擺在我們面前的各式工具並不是半坡人所生產和使用的工具的全部。因為，我們看到的這個聚落遺址僅僅是數百年間生活廢墟的堆積，而且考古學家發掘的面積也只占遺址總面積的五分之一。便是已經見到的這些工具，限於時代和科技手段的局限，我們的解讀和認識也是一個漸進的過程。換句話說，從新的角度和利用新的技術，或許還有可能獲取更多的資訊。

第一節
農業生產工具

定居生活開始後，農業是否發達，成為衡量一個地區經濟發展水準的重要標誌。黃河流域所具有的得天獨厚的黃土堆積為原始農業提供了有利的自然條件，這已是人所共知的地理和歷史知識。但是，身處黃河一級支流渭河流域的半坡村，其農業生產的具體狀況如何，並不是這樣抽象和籠統的這一句話所能表述清楚的。好在半坡遺址出土的有關農業方面的實物資料十分豐富，說明半坡氏族的原始農業已具相當的規模。最能體現這一狀況的是生產使用的工具，據統計，半坡遺址中共出土各種生產工具 5275 件，其中與農業有關的生產工具有 735 件。

● 延伸閱讀

黃土堆積的優良性

黃土堆積的優良性表現為土壤的肥沃性。首先是黃土顆粒精細，富有礦物質，生產力強，為農業發展提供了有利的條件；其次是土質疏鬆，雨水容易下滲，排水性好；最後是土壤富

第二章　工欲善其事，必先利其器——那些引領時代的生產工具
第一節　農業生產工具

有立避性，具有毛細管作用，乾旱時地下水容易上升，適於植物生長。

（一）只幾個石頭磨過
——劃時代的石器製造方法

仔細觀察過舊石器和新石器的觀眾常常會發現：那些由堅硬岩石打擊而成的尖狀石器，從石核上敲擊下來的石片石器，遠比經過精細打磨加工而成的新石器鋒利。於是問題來了，既然如此，新石器時代的人們為什麼還要不遺餘力地對石器進行打磨加工呢？

原始先民只留下這樣一個現象，卻未留下答案。目前較合理的推測只能是：進入新石器時代，人類結束長期的流浪的生活方式，定居成為一種常態。在這種情況下，工具重複使用的機會越來越多，過去隨用隨棄的習慣也慢慢發生了改變。由此帶來的顯著後果是：第一，大大降低了製作工具的成本。第二，為工具的改進提供了無限的可能性。這種改進，既包括改進粗劣的打擊石器對使用者身體的傷害，又包括使用中順手與否及改進的建議，更包括複合工具的誕生。總之，工具使用中的各式資訊不斷地通過使用者傳遞給工具製造者，工具的改進就在這種資訊的反複傳遞中悄然地發生著。

（二）生產工具種類的暗示

半坡人已經超越了直接向大自然索取生活資料——採集經濟的階段。得出這樣的結論，並非毫無根據的臆想。工具種類的數量往往是社會分工的標誌，也是社會發展程度的標誌。

1. 斧、刀、鋤、鏟——種類繁多的石質生產工具

對於身處石器時代的人們來說，石頭是難以取代的製作材料，雖然略顯單調，

沉睡六千年的半坡遺跡

但石質工具的造型的多樣,展示了半坡人的創新能力。不僅如此,石器造型的多樣化還暗示了生產活動和生活內容的豐富化。

(1) 砍伐器和敲砸器

這兩種石器主要由打製而成,保留了舊石器製作的工藝和風格。多數選用石片、扁平而厚重的礫石進行打製,一般只將一邊打出鋒刃,手持的部位並不打製。打製的石器在半坡遺址的早期出土較多,晚期則逐漸被磨製石器取代。

砍伐器

砍伐器

敲砸器

敲砸器

(2) 石斧

這是數量最多的一種石器,達 313 件,大小不同,形狀不一,有長方形的,有長條形扁平狀的,還有凹腰帶肩形的,以及帶有鑽孔形的。多數經過磨製,是其共同的特點。

鑽孔石斧

石斧

沉睡六千年的半坡遺跡

(3) 石鏟

可能是用來鬆土或翻地的，與石斧相比更扁薄，體形短寬，刃部鋒利。一般的鏟頭有長方形和橢圓形兩種樣式，長約15公分左右，寬約8～10公分。

石鏟

(4) 石鋤

石鋤大概是用以挖掘和鋤草的工具，體長而尖細，有長條狀的，也有扁平狀的，一般長15～20公分，多數是打製而成的。

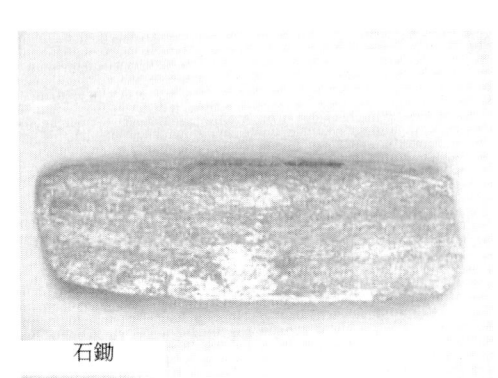

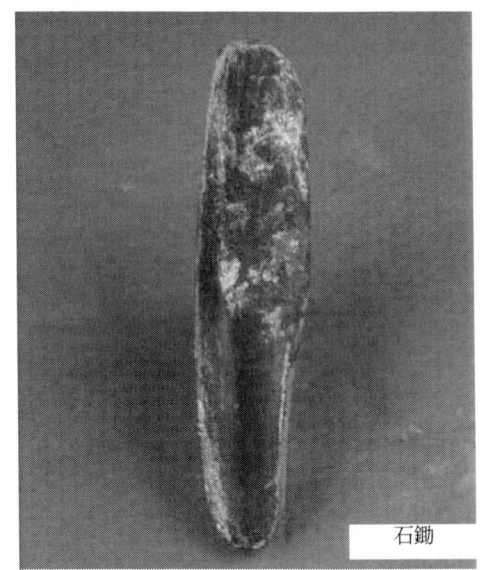

石鋤

石鋤

第二章 工欲善其事，必先利其器——那些引領時代的生產工具
第一節 農業生產工具

（5）石錛

這種工具器身扁薄，刃部鋒利，多數通體磨光，只有少部分是打製的。

石錛

（6）石鑿

這種工具一般保存都很完整，通體磨光，均成長條形。

石鑿

沉睡六千年的半坡遺跡

2.「君子生非異也，善假於物也」——複合工具的廣泛使用

當木與石在繩索的幫助下結合在一起時，一種革命性的新式工具——複合工具就誕生了。

複合工具的誕生，其意義在於提高了工作的效率，減輕了工作的強度，從而提高了生產的品質。

● **知識連結**

荀子《勸學》

登高而招，臂非加長也，而見者遠；順風而呼，聲非加疾也，而聞者彰。假輿馬者，非利足也，而致千里；假舟楫者，非能水也，而絕江河。君子生非異也，善假於物也。

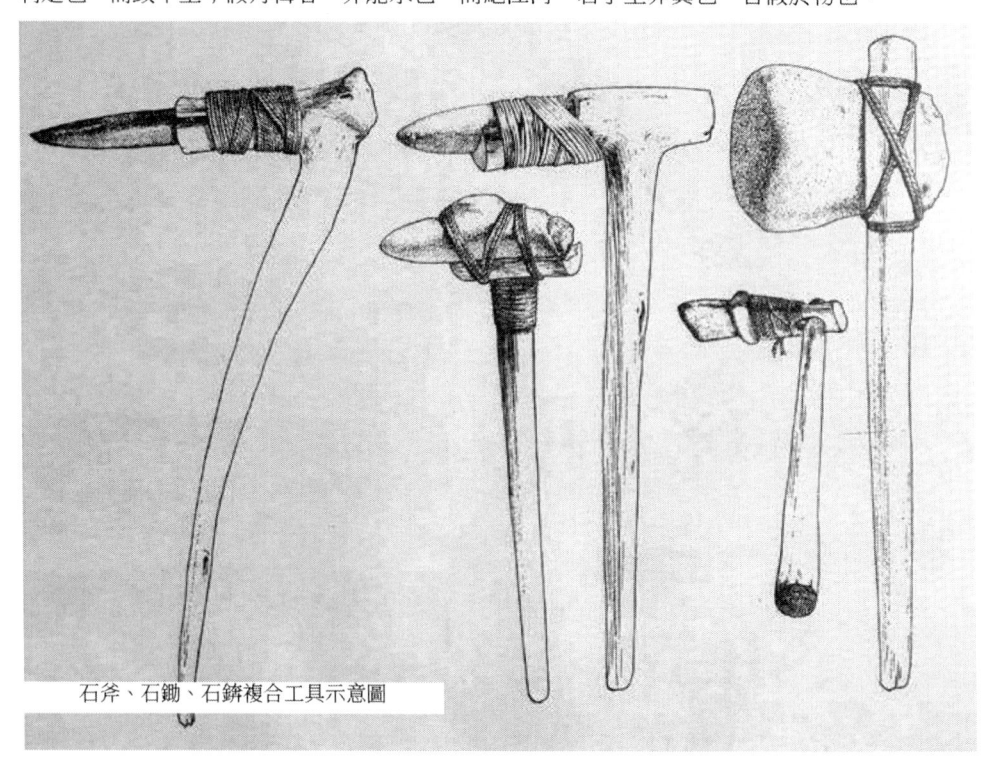

石斧、石鋤、石錛複合工具示意圖

這是石器和木質器柄組合的幾種主要農業生產工具示意圖。這種復原並不全是依賴民族學資料而作出的推測，半坡遺址出土的一些石斧、石錛的安柄繫繩處都確

第二章　工欲善其事，必先利其器——那些引領時代的生產工具
第一節　農業生產工具

留有繫繩的痕跡。安柄的複合工具不僅僅用於農業生產中，在漁獵、手工業等生產活動中也被廣泛運用。

在河南省臨汝市閻村出土的仰韶文化彩陶缸上，就有帶柄穿孔石斧的生動圖像。為深入瞭解斧、錛類工具的安柄和使用提供了可靠的例證。

半坡先民就是使用著這些石刀、石斧、石鏟等工具砍伐森林，然後焚燒樹木，藉助烈火消滅雜草，熟化土壤，利用灰燼提供養分，進而播種作物。這種耕作法正如恩格斯所說：「人消滅植物，是為了在這塊騰出來的土地上播種五穀……因為他們知道這樣可以得到多倍的收穫。」

鸛魚石斧圖

砍倒燒光的原始農業

3. 磨製與鑽孔——新石器時代石器製作的核心技術

任何事物的變化都是由量的漸變和積累，最終實現質變。舊石器向新石器的演變經歷了漫長的 300 餘萬年的演變，身在其中的史前人類對這種漸變可能並沒有多大的關注，可如果我們將百萬年前的打製石器和 6000 年前的磨製石器放在一起對比，則差別立見。

沉睡六千年的半坡遺跡

縱覽半坡出土的石質工具，可以明顯看到兩個方面的工藝特點，即磨製和鑽孔。磨製工藝的普遍使用，使石器器形規整，並日趨定型化，提高了效用。而發達的鑽孔工藝使裝柄並進而製成複合工具成為可能，這是工具製作的巨大進步。

洛南舊石器遺址出土手斧與半坡遺址磨製石斧的對比

石器的製作一般分為選料、打割、修琢、磨光和鑽孔等步驟。

（1）選料

從石器的數量和類別判斷，半坡先民已能依照石器種類和用途的不同選擇石料，一般是以硬度較大的玄武岩、石英岩製作石斧、石錛、石鑿等，用硬度較小、易於成片剝離的變質岩等製作石鏃、石刀等。

（2）打割

石料選好後，通過敲打、切割製成粗坯。切割技術的操作方法是在扁平的石材上，加砂蘸水，用木質的片狀工具用力壓、擦，從而切成溝狀，然後擊打，石材就會順著溝縫斷裂開來。

第二章 工欲善其事，必先利其器——那些引領時代的生產工具
第一節 農業生產工具

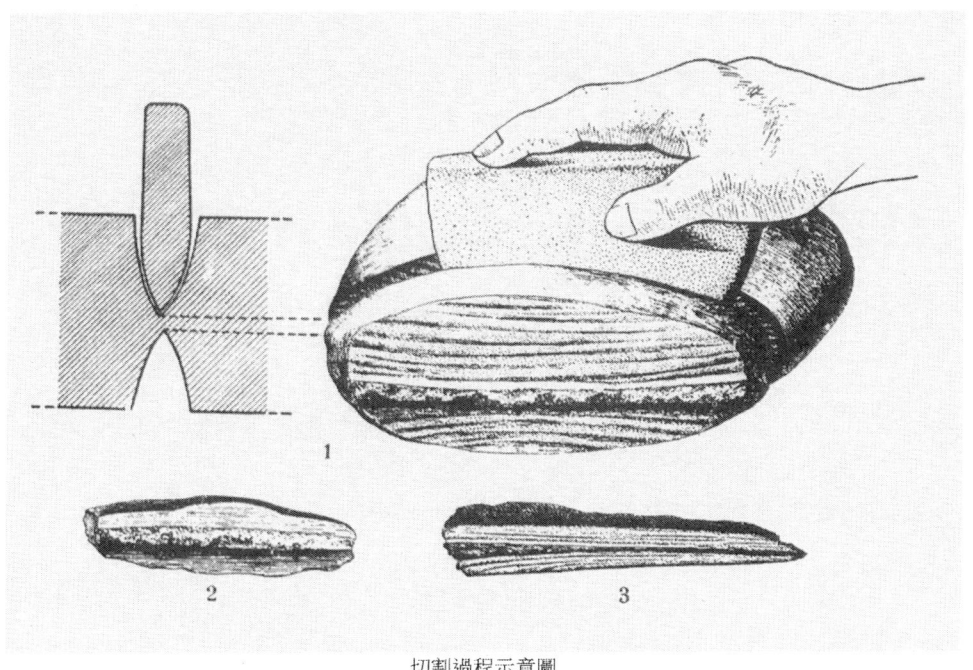

切割過程示意圖

（3）修琢

修琢是對粗坯通體整形、找平的工序，一般是用石錘，或者有硬尖的石質、骨質或角質的工具，將粗坯表面的棱角琢平整。

（4）磨光

磨光就是將修琢過的器物毛坯放在礪石（磨石）上研磨，為了加大摩擦力，往往在礪石上加砂蘸水磨製，最終製出表面光滑規整的石器。

（5）鑽孔

並非所有的石器都需要鑽孔，鑽孔的目的是便於捆紮，使得石器能牢固地捆縛在木柄上，以製成複合工具。石器磨成特定規則的形狀後，所鑽的孔必須選在適當位置，以方便與木柄的對結，這對鑽孔提出了很高的技術要求。精準的鑽孔使磨製石器與打製的石器相比，大大提高了捆紮的可靠性和工具的效率。

鑽孔的方法主要有石鑽、管鑽、琢鑽和劃孔法四種方法。石鑽法是在木棒一端裝上石質鑽頭，這種鑽頭多由燧石等硬度較大的岩石製成。其方法是在需要鑽孔的

沉睡六千年的半坡遺跡

位置加放濕沙子，再用手掌或弓弦轉動木棒，以達到鑽孔目的。石鑽法又分為直鑽和對鑽兩種鑽法。直鑽法是從石器的一面單向直鑽使之成孔的方式，所成之孔呈漏斗狀。對鑽法是先鑽石器的一面，然後鑽相對的另一面，使之對鑽成孔，所成之孔的形狀多為相對的漏斗狀。

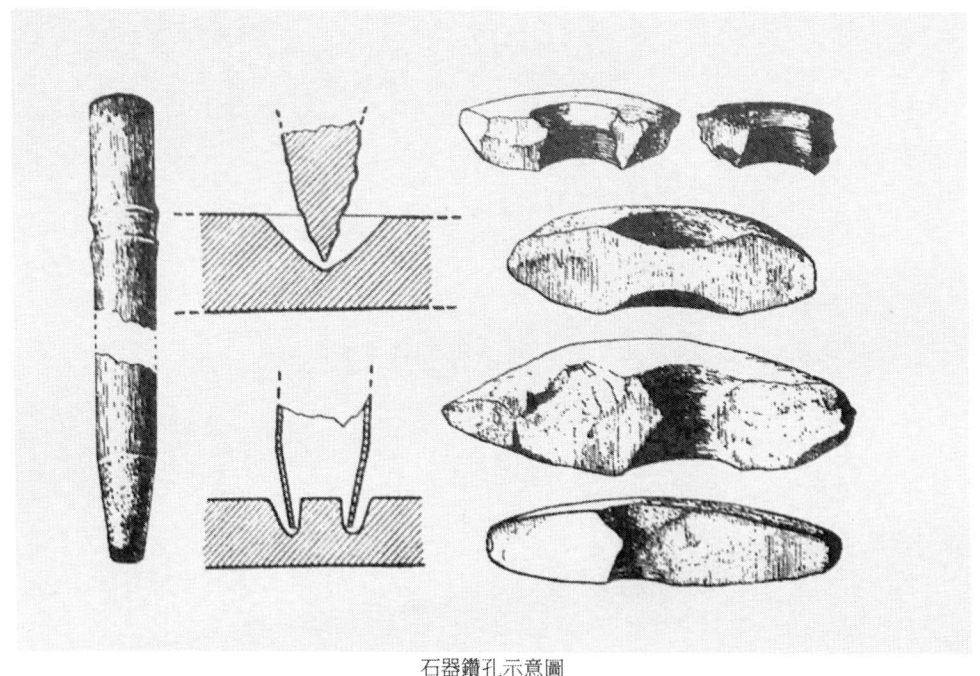

石器鑽孔示意圖

管鑽法是用削尖邊緣的細竹管或骨管進行鑽孔的方法，所成之孔的形狀多呈直筒狀。這種鑽法完成後，管中往往留有石芯。

琢鑽法是用石錐的尖端抵住要穿孔的部位來回輕敲細琢，久之也可鑽成一孔。這種鑽法往往採取兩面對鑽的辦法完成。劃孔法是用一種帶有硬尖的工具，在石器的兩面反復刻劃，在石器表面形成一道兩端細、中間粗的溝槽，最後因溝成孔。

還有兩個問題是必須回答的：半坡石器用了哪些岩石做原料？這些岩石原料來自何處？半坡石器所用的岩石原料非常豐富，有石英岩、砂岩等多達40種，其中片麻岩、石英岩、角閃片岩、石英角閃片岩、花崗片岩、煌斑岩、矽質片麻岩和絹雲母石英片岩產自附近的翠華山、臨潼及藍田等地，其餘大部分產於關中以西地區。

第二章　工欲善其事，必先利其器——那些引領時代的生產工具
第二節　狩獵和捕魚生產工具

換言之，半坡氏族所用的石質工具原料，只有一部分是就地取材，大部分由外地輸入。這也從一個側面說明，半坡氏族活動的範圍以及與其他氏族間的交換是廣泛存在的。

半坡村與關中西部相對地理位置示意圖

第二節
狩獵和捕魚生產工具

　　農業生產帶來的穩定食物來源，使半坡氏族告別了「晝拾橡栗，暮棲樹上」的靠尋找漿果果腹的日子，也不用再重複追逐野獸、遷移流徙的生活，但是這並不說明他們已經將祖祖輩輩傳下來的漁獵工具刀槍入庫，恰恰相反，從半坡遺址出土的質地和種類豐富的漁獵工具充分說明狩獵和捕魚依然是半坡氏族重要的經濟活動。

沉睡六千年的半坡遺跡

（一）與先民為伴的動物
——氣候與環境的可靠證據

那些被捕獲的動物，在被作成美味佳餚端上半坡人的飯桌之後，仍然沒有最終完成自己的使命：食餘的動物骨骼被棄之後，在灰坑中埋藏了6000年又幸運地被發掘出來，向今天的人們證明了當時的氣候狀況。這一點對半坡人來說，可以說是意料之外的事。

對半坡遺址中出土的動物骨骼進行整理分析之後，研究人員得出結論，有斑鹿、獐、竹鼠、野兔、短尾兔、狸、羚羊7種。這些動物骨骼的發現數量很多，尤其是獐和竹鼠，加之以遺址中存在的箭鏃和矛頭等狩獵工具的發現，因此考古學家認為這些動物都是被狩獵的野生動物。

1. 斑鹿

遺址中出土的斑鹿骨骼以鹿角為多，且破損殘缺嚴重，眉叉以上較遠的主幹全都沒有保留。

右圖所示的這一件斑鹿角的不同尋常之處是其有明顯的加工痕跡：在眉叉基部砍去主幹，留下不整齊的平面，適於把握，眉叉兩側由上到下有很多的砍削痕跡，使用部位可能是眉叉的尖端，砍削的目的在於削平眉叉，使尖端更為銳利。眉叉前側有清楚的磨光痕跡，似為長期用力摩擦的結果。這樣一件生產工具，在當時用於挖掘根莖、草皮、菌類等，應該是很適用的。

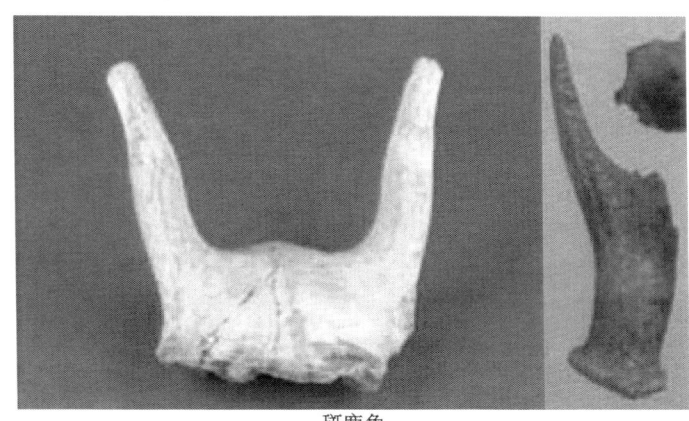

斑鹿角

第二章　工欲善其事，必先利其器——那些引領時代的生產工具
第二節　狩獵和捕魚生產工具

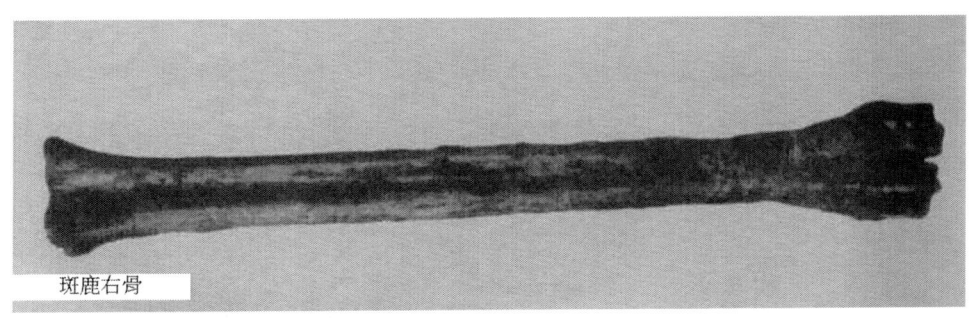

斑鹿右骨

現代斑鹿

除了斑鹿角，遺址中還發現了肱骨、股骨、肩胛骨等斑鹿的體骨。這些體骨幾乎沒有完整的，全部是只保存了兩端，上邊有砸擊的痕跡，顯然是當時的人為了食用骨髓而砸的，因為被砸破的大部分是肱骨、股骨、脛骨等有骨髓的骨骼，而沒有或骨髓較少的骨骼則不是這樣砸破的。

現代斑鹿分布於華北、華南和東北各地，說明在 6000 年前半坡這裡有森林及丘陵，氣候和現在的華北沒有多大區別。

值得注意的是，斑鹿屬於較大型的動物，而且善於奔跑。捕獲此類動物在當時不是一件容易的事情，除了群體的力量，弓箭和長矛等狩獵工具是功不可沒的。

沉睡六千年的半坡遺跡

2. 獐

在半坡遺址的房子內部特別是灶坑附近，室外的灰坑內，到處都有獐的骨骼的蹤影，且常常和豬的骨骼共存。這充分說明，在半坡人食用肉類的菜單上，獐是僅次於豬的動物。

當前獐分佈於長江下游的沼澤地帶，考古學家據此推測當時半坡附近有沼澤地帶和高大的草叢，氣候也比現在溫暖濕潤一些。

3. 竹鼠

竹鼠以竹筍和竹根為食，生活在長江流域及其以南地區，今天西安附近已經沒有這種動物。半坡遺址中出現的大量竹鼠骨骼，說明當時這裡附近一定有大片的竹林，否則竹鼠難以生存。而竹林的存在則說明當時的氣候比現在要溫暖濕潤，這與獐的存在指示了相同的氣候。

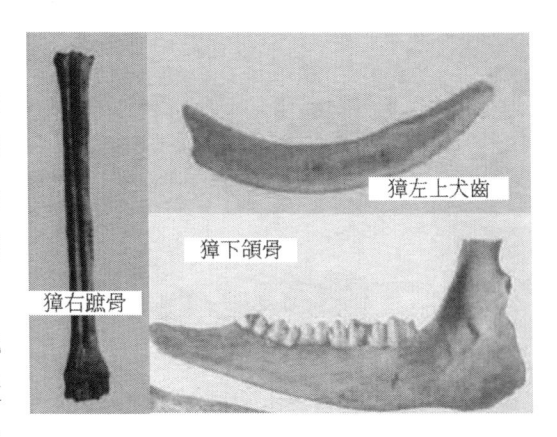

獐右蹠骨
獐下頜骨
獐左上犬齒

現代獐及生存環境

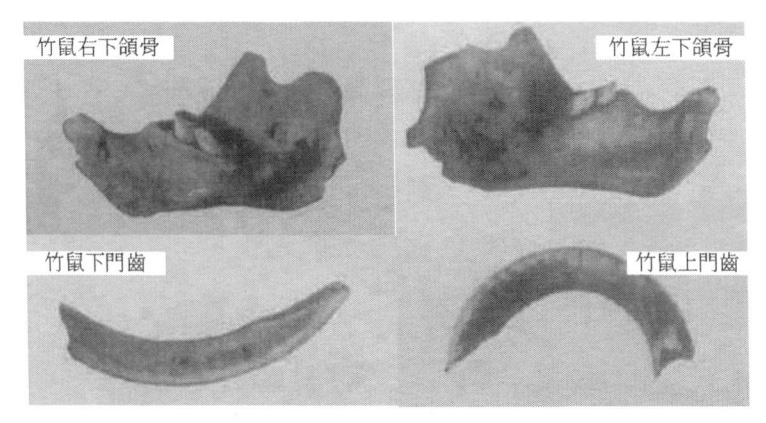

竹鼠右下頜骨
竹鼠左下頜骨
竹鼠下門齒
竹鼠上門齒

第二章　工欲善其事，必先利其器——那些引領時代的生產工具
第二節　狩獵和捕魚生產工具

4. 其他

野兔、短尾兔、狸及羚羊的骨骼發現都較少，說明這些動物不是半坡人的主要狩獵對象，只能證明這些物種的存在而已。

除了陸地動物，河流中遊弋的魚應該也是半坡人捕食的主要對象，遺址中出土的為數不少的捕魚工具能夠證實這一點，只是魚類骨骼纖細，不易保留下來，以至於今天難覓其蹤而已。

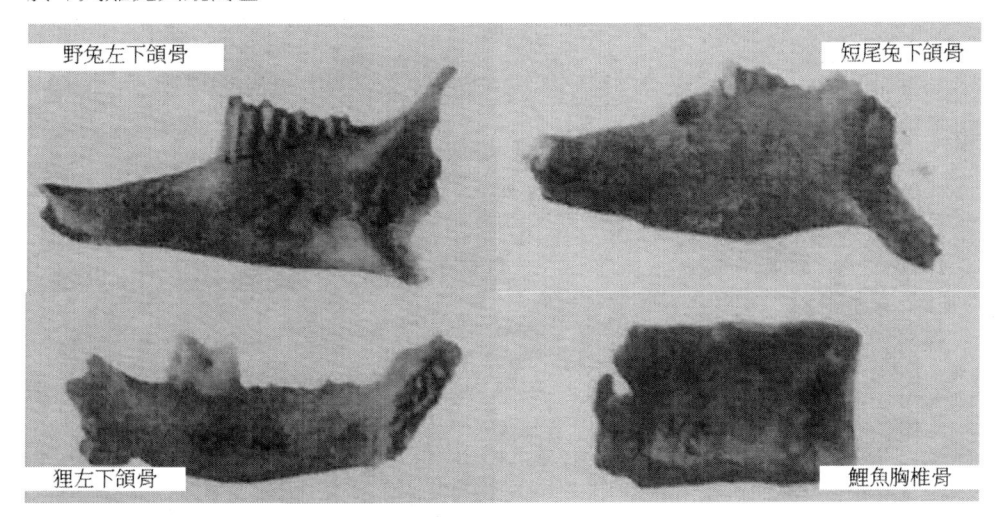

野兔左下頜骨　短尾兔下頜骨
狸左下頜骨　鯉魚胸椎骨

（二）漁獵工具
——堪稱神品的巧思

現在，我們該領略一下半坡人充滿奇思妙想的漁獵工具了。半坡人在工具製造方面的能力和水準，在漁獵工具中再一次大放異彩。漁獵工具出土的數量與農業工具不相上下，材質的種類更為豐富，除了石質外，還有骨質、角質等。不過，令人印象深刻的還是製造方面表現出的智慧，無論是材料選取方面的以材擬形、材盡其用，還是工藝方面的精雕細刻，都表現出令人驚訝的靈性和癡迷。

沉睡六千年的半坡遺跡

1. 箭頭——弓箭普遍使用的證據

弓箭的發明是人類技術的一大進步。摩爾根在《古代社會》一書中,將人類歷史的發展分為蒙昧時代、野蠻時代和文明時代,這是開創性的研究成果。他根據生活資料生產的進步,又把蒙昧時代和野蠻時代各分為低級階段、中級階段和高級階段。恩格斯在其重要的著作《家庭、私有制和國家的起源》採納了這種分期方法,並認為蒙昧時代的高級階段是從弓箭的發明開始的。他寫道,「弓、弦、箭已經是很複雜的工具,發明這些工具需要有長期積累的經驗和較發達的智力」,「弓箭對於蒙昧時代,正如鐵器對於野蠻時代和火器對於文明時代一樣,乃是決定性的武器」。恩格斯作出這樣的判斷是有道理的,因為有了弓箭,獵物成了通常的食物,而打獵也成了常規的勞動。

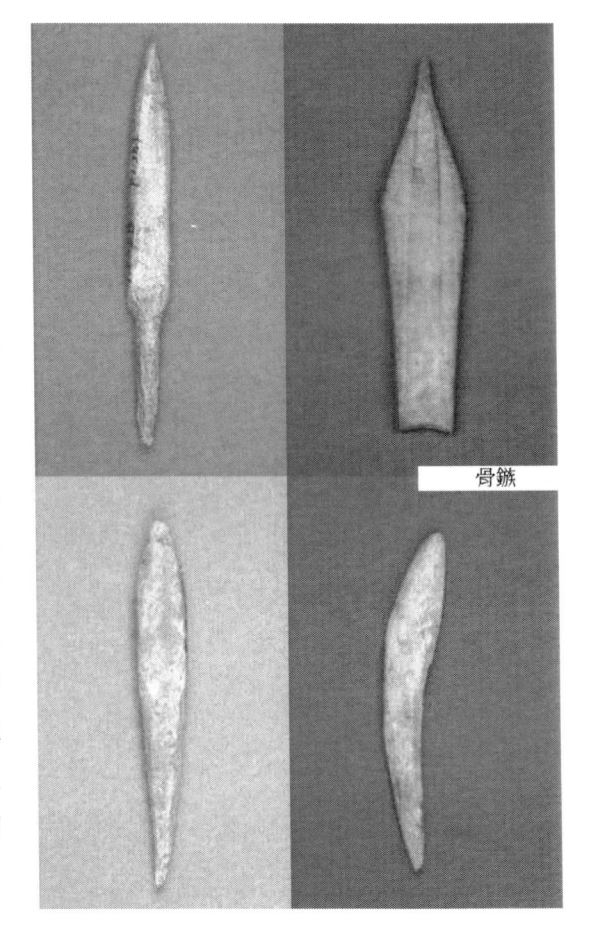

弓箭是由弓(由有彈性的弓臂和有韌性的弓弦構成)和箭(由箭頭、箭杆構成)兩部分組成的複合工具,這種複雜的複合工具說明人們已經懂得利用機械存儲起來的能量。當人們用力拉弦迫使弓體變形時,就把自身的能量儲存進去了;鬆手釋弦,弓體迅速恢復原狀,同時把存進的能量猛烈地釋放出來,遂將搭在弦上的箭有力地彈射出去。這種對機械能量的利用,使弓箭成為獲取食物的有力幫手。中國古代膾炙人口的後羿射日的傳說將工具的巨大威力演繹到了極致。

骨鏃

第二章　工欲善其事，必先利其器——那些引領時代的生產工具
第二節　狩獵和捕魚生產工具

由於時代的久遠，史前時期人們使用的完整的弓箭已難覓其蹤，弓臂、弓弦和箭杆早已蕩然無存，我們今天只能從這些形狀各異的箭頭（鏃）來想像先民狩獵時的英姿。半坡遺址中出土的箭頭共288件，其中骨質的282件，石質的只有6件。骨質的箭頭不但數量多，而且形狀種類繁多，應該是骨質箭頭的使用要比石質箭頭效果好很多，否則不會如此備受青睞。

從整體來看，骨質箭頭有圓柱狀、柳葉形、三角形、帶翼形等形狀。這些形狀的選擇應該是受到材料本身形狀的限制，但是，結合箭鋌的形狀分析，可能不會那麼簡單。

箭鋌是箭頭裝入箭杆的部分。半坡遺址出土的骨箭頭有扁鋌、尖鋌、凹鋌、寬鋌、短鋌等區別，特別是鋌部長度占箭頭總長度的比例很不一致，有的鋌部長度遠遠超過尖部，有的則恰好相反。除了材料形狀的因素，應該還有別的考慮。

石鏃

有些帶翼的箭頭，兩翼向後折去，與鋌部形成一個銳角，就變成了倒刺。這種設置是更先進的技術，射中動物身體之後，由於倒鉤的作用，箭頭無法脫離身體，即便動物不能立即倒斃，也掙扎不了許久。

還有一點也是肯定的，帶翼的箭頭有助於確保箭頭的穩定性，同時，由於與空

53

沉睡六千年的半坡遺跡

氣接觸面較大,在速度的配合下發出的聲音足以令動物們膽顫心驚。或許正是考慮到這個原因,有的研究者認為弓箭的發明或許與音樂的起源有某種關係,如英國科技史家貝爾納曾說:「弓弦彈出的汪汪粗音可能是絃樂器的起源。所以弓對於音樂的科學方面和音樂的藝術方面,都有貢獻。」

2. 矛頭

矛是冷兵器時代使用時間最長的進攻性武器,其最原始的形態是用來狩獵的前端修尖的木棒。到了新石器時代,人們逐漸發現用石頭、獸骨製成矛頭,綁在長木柄前端,組成複合性工具,其殺傷效能更大。半坡遺址中也發現了用石頭和鹿角製造的矛頭。

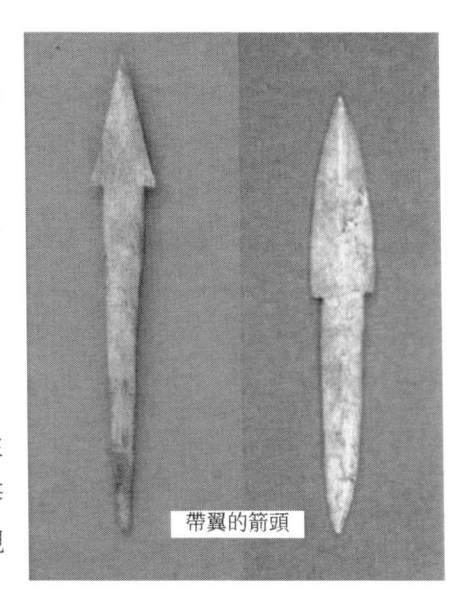

下圖這種形狀窄長、尖利的石矛頭是當時的典型形狀,其中一件的中部有段,兩側留有明顯的繫痕,將其組裝方式清晰地告訴了我們。

帶翼的箭頭

石矛頭

第二章　工欲善其事，必先利其器——那些引領時代的生產工具
第二節　狩獵和捕魚生產工具

2. 用作獵具的石球和陶球——飛石索

半坡遺址中還出土了為數不少的石球和陶球。石球的製法大體是將石料打成粗形再稍加修琢，小的石球則用小的圓石直接磨製而成。

這種石球很有可能是作為狩獵工具的飛石索的主要部件。這種飛石索在民族學資料和岩畫資料中屢見不鮮，其製作方法是用繩索、藤條將石球固定，另一端握在狩獵者手裡。旋轉繩索帶動穿孔石作圓周運動，旋轉到最高速時，狩獵者將手握的繩索放開，讓穿孔石沿切線方向飛出，產生驚人的速度和力量來擊中捕獵物。

而器形較小的陶球極有可能是當時作為玩具使用的。在一座小孩墓中就出土了用作隨葬的陶球和石球，可以作為一個例證。

石球

陶球

55

沉睡六千年的半坡遺跡

3. 捕魚的工具

(1) 魚叉

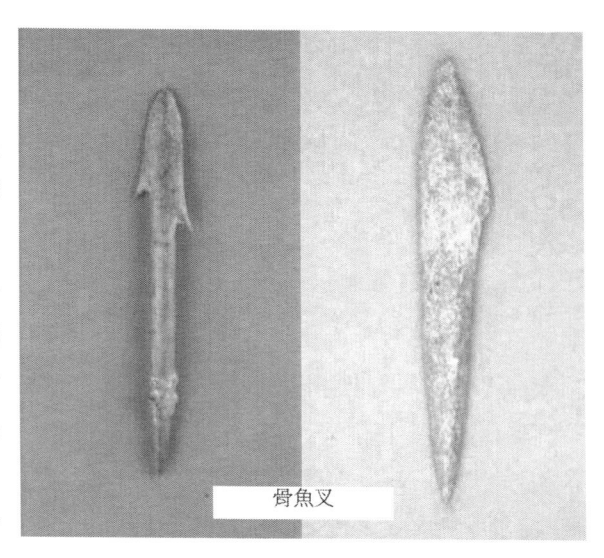

魚叉由骨和角兩種材質製成，因而保存狀況較好，根據形狀可分為單鉤式和雙鉤式兩種。

魚叉的製作非常講究，幾乎都是磨製而成的，少數是削制而成。在單鉤式的魚叉中，倒鉤有的位於魚叉頭部，有的位於中部，可能與原材料有關係。

雙鉤式魚叉因魚叉兩側各有一倒鉤而得名。兩側倒鉤有的對稱，有的並不對稱，可見其製作時也是因材塑形的。有一件魚叉竟有雙排倒鉤，顯示了半坡工匠高超的原材料把控能力。

單鉤式魚叉和雙鉤式魚叉在使用上略有區別，前者往往將魚叉的叉柄固定於叉杆上使用，所以又稱連柄魚叉，後者並不將叉柄固定於叉杆上，所以又稱脫柄魚叉。

(2) 魚鉤

魚鉤全部是骨質的，共發現9件，雖數量不多，但各個製作精巧。部分鉤尖還有倒鉤，與現代同類釣魚工具相比，除了質地不同，技術上已經可以說難分伯仲了。

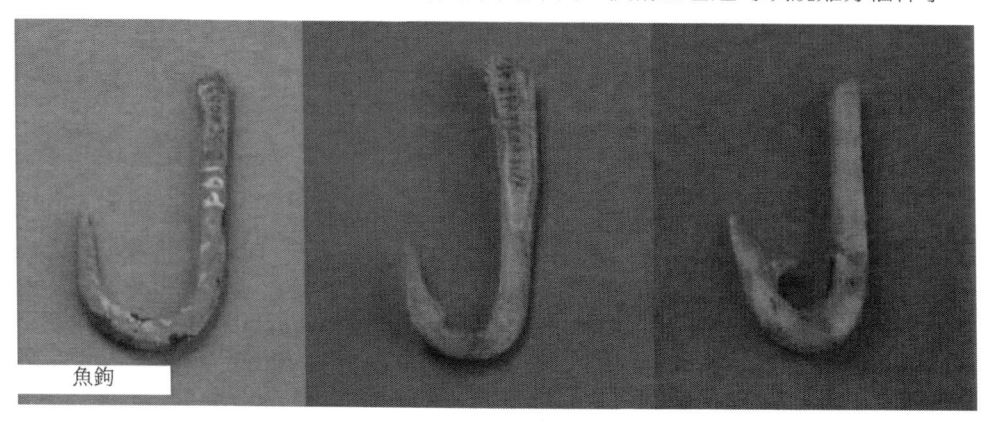

骨魚叉

魚鉤

第二章 工欲善其事，必先利其器——那些引領時代的生產工具

第二節 狩獵和捕魚生產工具

（3）網墜

網墜的數量較大，幾乎占全部漁獵工具數量的一半，網墜的材質全是石料，都是選擇小塊扁平的礫石加工而成。其製作方法很簡單，將整塊礫石的兩邊或兩端打出缺口即可。也有的是將礫石劈為兩半，再在兩邊打出缺口。

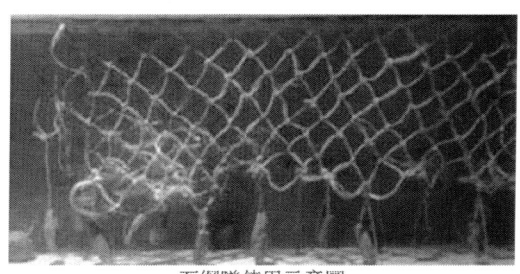

石網墜使用示意圖

陶網墜是系在拖網底部的，對於提高捕魚技術具有重要作用。

石網墜

沉睡六千年的半坡遺跡

第三節
豐富多彩的手工業工具

　　手工業從農業中分離出來，被視作史前社會一次影響巨大的分工。氏族公社中的一部分成員，不再兼任農業生產勞動，而專職從事手工業加工、製造特定產品，如製陶業、紡織業、絲綢染整業、釀酒業等。有的研究者提出，應在「石器時代」和「青銅器時代」之間必須劃分出一個「陶器時代」。

　　雖然這種學術觀點的被接受可能還需時日，但新石器時代發達的手工業取得的驚人成就已被史前考古的實踐所證明，半坡遺址出土的手工業工具便是較早的一個證據。

　　半坡遺址中發現的手工業工具有紡輪、骨針、錐子、骨鑿、尖狀器、兩端器及研磨器7類。

（一）紡輪
　　　——告別「未有麻絲、衣其羽皮」的時代

　　紡輪的出現證明了紡織手工業的存在。原始的紡織手工業是由「紡」和「織」兩部分組成的。將植物纖維鬆解，然後再把多根拈合成紗線，便稱作「紡」。紡輪正是拈線的工具。紡輪有石製和陶製兩種，使用的方法是一致的，即用木製縛杆插進紡輪，加以固定。然後將麻絲等纖維纏在縛杆一端。用力撚動木縛杆，使紡輪轉動，纏在縛杆一端的纖維線頭向上牽拉，木縛杆和石紡輪的旋轉力使拉細的纖維拈成麻花狀，由多股纖維績成一股紗線。

陶紡輪

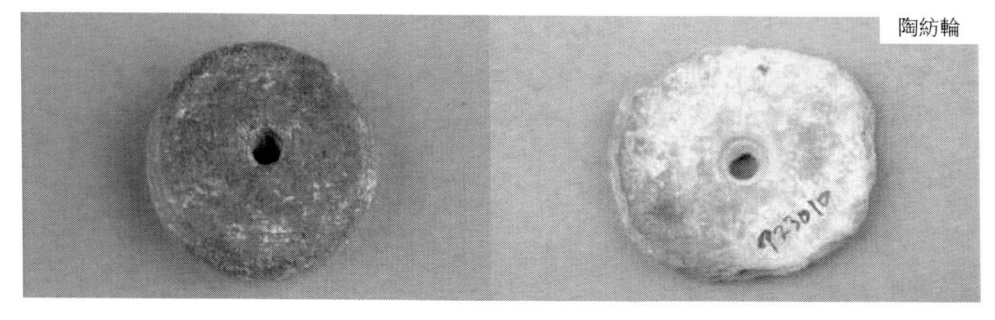

第二章　工欲善其事，必先利其器——那些引領時代的生產工具
第三節　豐富多彩的手工業工具

（二）穿針引線
——生活就這樣越來越精緻

1. 骨針

半坡遺址中出土了骨針281枚。針，古作「箴」。許慎在《說文解字》中說：「箴，綴衣箴也。從竹，咸聲。」從中國古代造字的規律來看，針一定是和竹或木有關係的。或者說，在骨針之前還有竹針或木針存在過。

數量可觀的骨針的發現，說明其在改善先民衣著方面起到了十分重要的作用。骨針的規格大小不一，最長的約16公分，直徑最小的不足2毫米，針孔約0.5毫米。針孔如此之細，足見當時必定已有相應的細線。

有一些針在針孔斷缺後還繼續鑽孔使用。

骨針中只有11件沒有鑽孔，這種骨針往往有用於繫線的凹口。

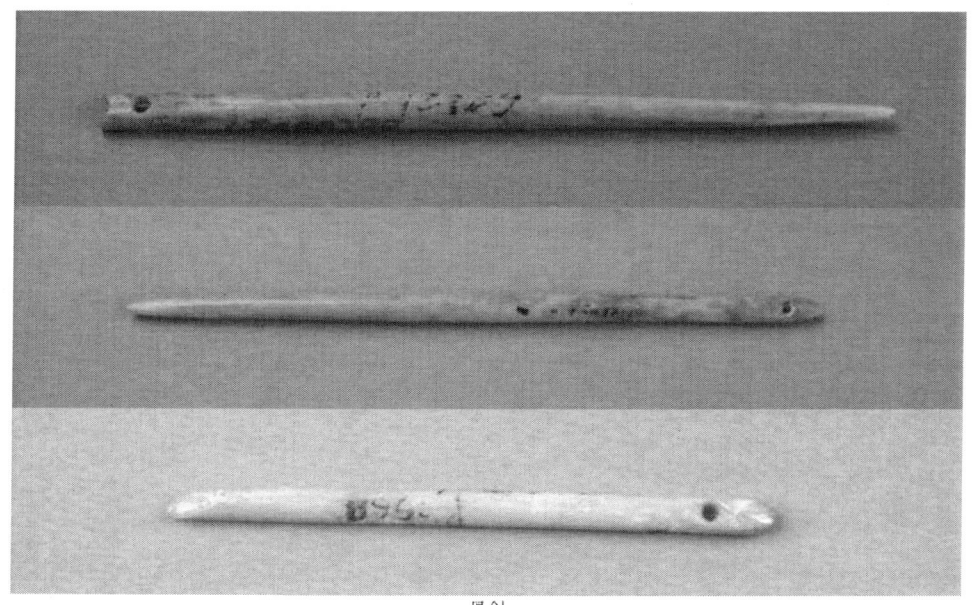

骨針

沉睡六千年的半坡遺跡

2. 錐子

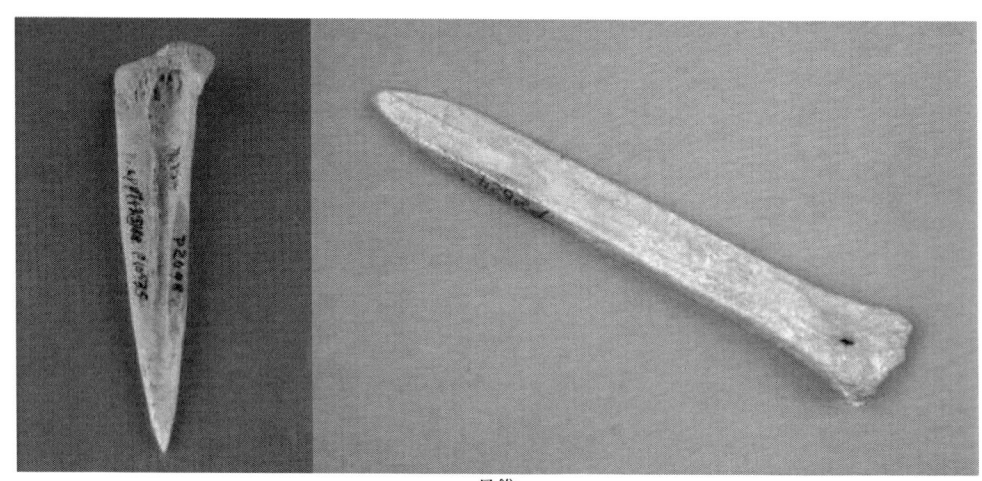

骨錐

從出土的生產工具看，錐子數量多，質地品類也多。遺址中出土石錐、陶錐、骨錐、角錐共計715件，其中骨錐最多，數量達606件。數量如此多的錐子，究竟是做什麼的？除了陶器上留下的整齊的錐刺紋，我們還不能知道其全部用途，一些圓柱形和細長條形的骨錐有可能兼做髮笄也未可知。

數量佔據絕大多數的骨錐，讓考古學家體會到了半坡人在材料選擇方面的講究，除了性能方面的考量，經濟合算也是重要的指標，因為骨質錐子不但性能良好，也充分利用了食餘的獸類骨骼，真是一舉兩得之舉。

3. 骨鑿

骨鑿一般用骨片或一段帶節的骨管作成，製造方法是刮削和磨製兼用。遺址中共出土77件，保存完整的約占1/3。

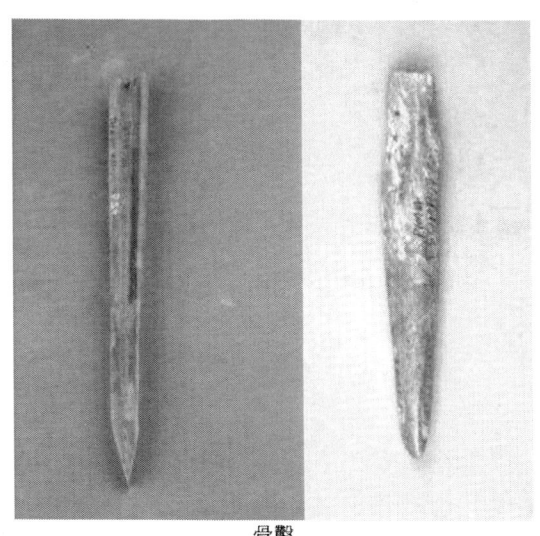

骨鑿

第二章　工欲善其事，必先利其器——那些引領時代的生產工具
第三節　豐富多彩的手工業工具

4. 兩端器

兩端器出土110件，全部為骨質，因其兩端皆尖而名之。就形狀看，有兩端皆尖，也有一端尖銳、另一端作扁平狀的。兩端器可能是製陶時錐刺或刻劃紋飾時使用的工具。

兩端器

5. 研磨器

研磨器由磨臼、磨石兩部分組成，均為石質，是研磨顏料的工具。半坡遺址中大量精美彩繪陶器的出土，使這種研磨顏料工具的發現成為順理成章的事情。在有的磨臼底部與磨石上有纖細的摩擦痕跡和遺留有紅色顏料的痕跡，更使其功能得到確認。

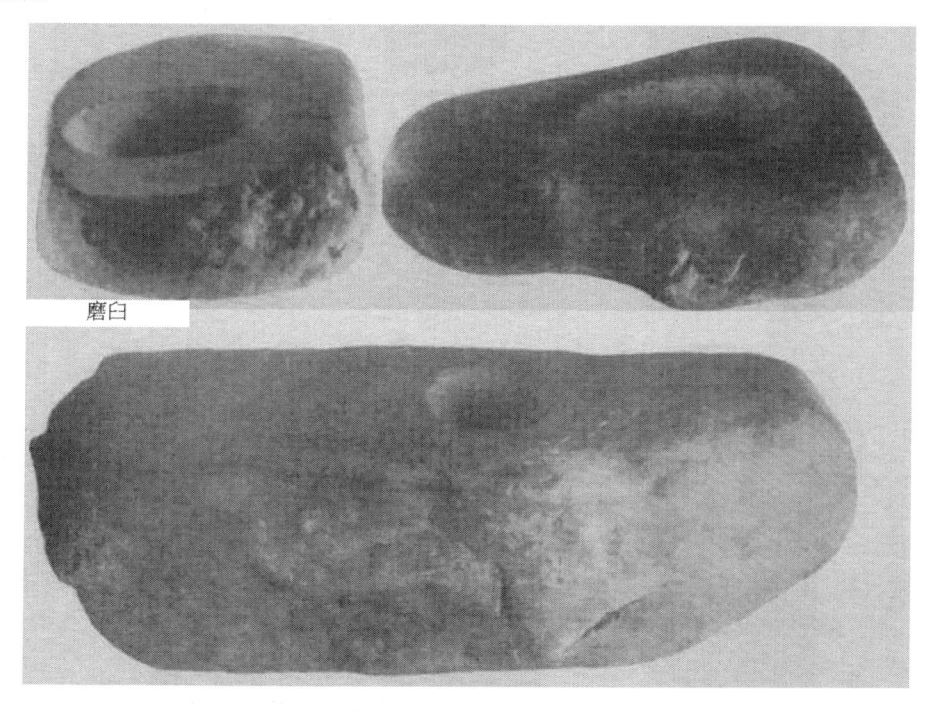

磨臼

沉睡六千年的半坡遺跡

磨石

（三）石硯
——升級版的研磨器，還是史前第一塊硯臺？

硯臺起源於新石器時代的研磨器，這已成為學界共識。但是硯臺定形於何時，在書法藝術界卻是一個長期爭論懸而未決的問題。

石硯臺

第二章　工欲善其事，必先利其器——那些引領時代的生產工具
第三節　豐富多彩的手工業工具

2002 年至 2004 年，在為改建半坡遺址保護大廳而進行的隨工清理中，工作人員發現了這件石硯。其造型與以往所發現的研磨器完全不同，在一塊不規則的長方形砂岩上中部和另一側有一橫一豎兩個橢圓形硯池。更為重要的是，石硯中部橫向的硯池底部及邊沿處有被長期磨擦並使用過的痕跡，而另一側的豎向硯池邊沿很完整，由此可以判斷，中部橫向的硯池主要是用於研磨顏料，另一側的豎向硯池則是稀釋顏料以及掭筆的地方。兩個硯池內至今還殘留有紅色顏料的痕跡，這些都與以往所發現的研磨器有所區別。

後世的硯臺漸漸規範，一般認為由硯堂、硯邊、硯側、硯池、硯崗、硯額、硯背、硯面八部分組成。照此標準，半坡遺址出土的這件石硯似乎還不能完全達標，但是就「可以存儲墨汁」這一核心功能而言，稱作硯臺應該是名副其實的。

半坡遺址石硯的出土，引發學者們的進一步研究。在對以往出土的相關材料進行重新審視後，研究者發現類似的實物囿於以往的認識而被忽視了。因為，在臨潼姜寨和寶雞北首嶺都曾出現過這樣的器物，細細審視，其形態與半坡遺址石硯異曲同工，其功能亦無兩樣，均可視作石硯。

值得一提的是，在半坡遺址發現之後，王冶秋先生就提出遺址中出土的研磨顏料的工具可能是硯的祖形，這種敏銳的洞察力被半個世紀以後的考古發現所證實，可謂真知灼見。

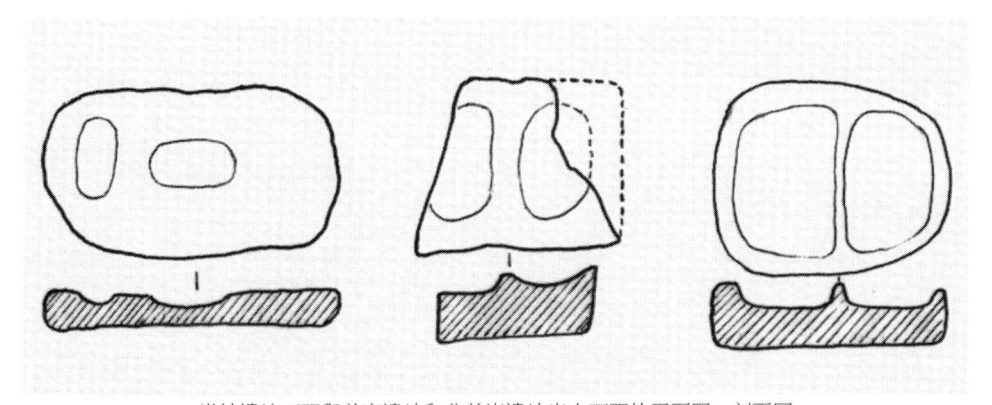

半坡遺址石硯與姜寨遺址和北首嶺遺址出土石硯的平面圖、剖面圖

沉睡六千年的半坡遺跡

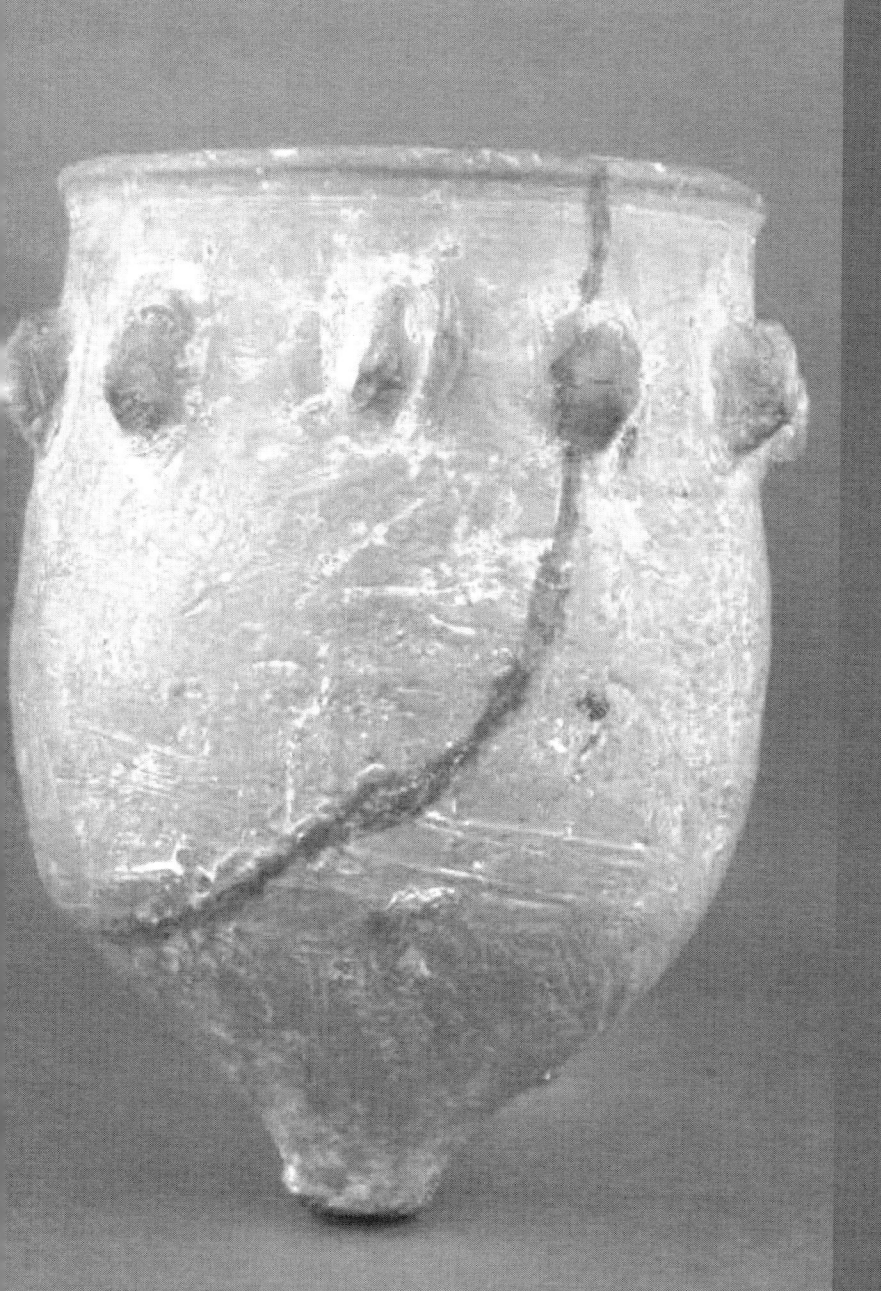

第三章 衣缽萬事
——隱藏在陶器上的生活密碼

沉睡六千年的半坡遺跡

在人類進化過程中，曾經經歷了漫長的茹毛飲血的時代，直到火的發現和使用，以及由此帶來的熟食，才造就了人類身體素質的快速變化，並帶來了對世界的新感知。

火的使用，在人類歷史上第一次改變了物質的化學性質，從而導致了陶器的誕生，這對人類來說是劃時代的。

已有的考古學知識告訴我們，陶器的產生大約發生在距今約 10000 年前，到了半坡時期，陶器已經存在了約 4000 年，那麼，半坡陶器有何過人之處，或者說創新之處？這正是史前考古學需要解決的問題。事實上，史前考古學家已經給出了確切的答案：半坡遺址由發掘初期一個獨立的遺址，進而形成一個文化類型的代表——仰韶文化半坡類型，再到單獨指代一種新石器時代文化——半坡文化的過程，既體現了半坡遺址文化內涵的豐富性，又反映了考古研究不斷深入和認識不斷深化的過程。而在這個過程中，陶器的研究始終起到了關鍵作用。

第一節
盆盆罐罐才是家——陶器為代表的生活用具

定居生活的穩定，物質生產的豐富，使半坡人的生活朝著更加精細化的方向發展，表現出來的就是陶器的種類越來越豐富，功能越來越細化。半坡遺址中發掘和收集到的陶片達 50 萬片以上，完整的和能夠復原的器物將近 1000 件。

從生活實際需要的角度，可以分為炊器、飲食器、水器和儲藏器四大類，每類之下都包含用途不一的器皿，每一器皿又有器形大小的區別，琳琅滿目，蔚為壯觀。

第三章 衣缽萬事——隱藏在陶器上的生活密碼
第一節 盆盆罐罐才是家——陶器為代表的生活用具

（一）炊器

炊器是專門用來加工食物的器物，而陶器中耐火力強，即受熱而又不會炸裂者，非加砂陶莫屬。先民們早就明白了這個道理，所以，今天我們看到炊器全部是用粗砂或細砂製作而成的。目前，已發現的炊器有釜、鼎、罐、甑等。

鼎	釜	罐	甑

67

沉睡六千年的半坡遺跡

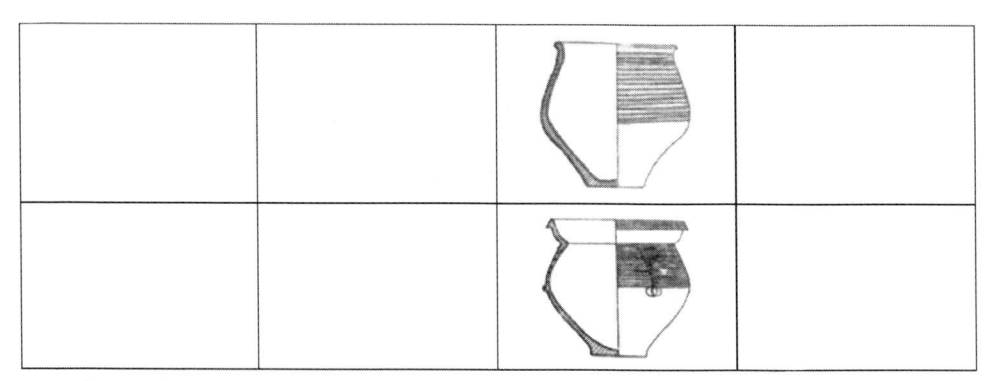

陶鼎的出土很少,只發現了部分口部和腹部殘片,但腹部殘片上遺留的斷足殘痕以及另外 3 個鼎足,使鼎的復原成為可能。

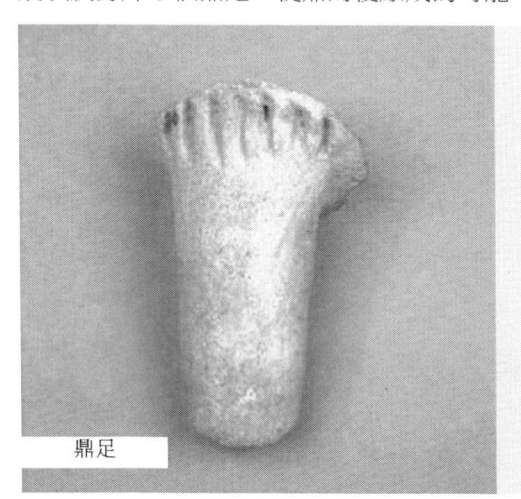

鼎足

陶鼎腹部

復原的陶鼎

陶釜僅發現一件腰部殘塊,幸運的是依據這件部位殘塊恰好能夠將器形復原起來。鼎和釜的發現數量很少,應該與此類器物在實際生活中使用較多而容易損壞有關。另外,這種器物也不作為隨葬品使用,留存下來的機會就更少了。

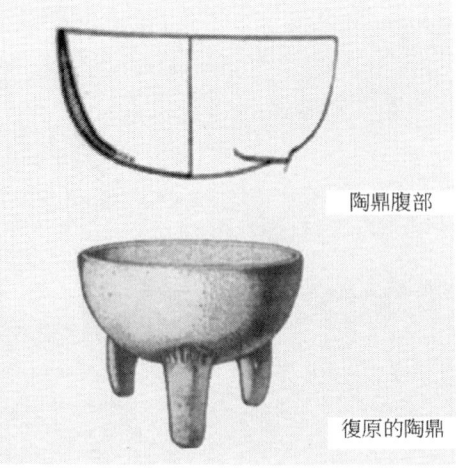

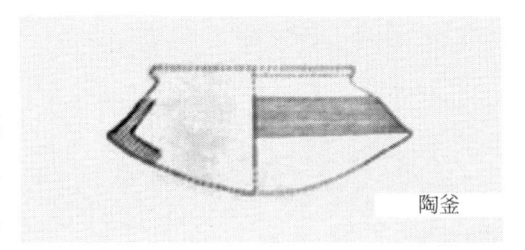

陶釜

第三章　衣缽萬事——隱藏在陶器上的生活密碼
第一節　盆盆罐罐才是家——陶器為代表的生活用具

用作炊器的陶罐則數量巨大，器形豐富多彩，其特點是敞口，腹部外鼓。罐體的上部都裝飾有弦紋或斜線紋，有的還有附加堆紋。這類陶罐的外面往往有煙熏的痕跡，底部周圍則形成一層灰黑色的煙跡。

陶罐

陶甑的發現，是半坡人已經能夠利用蒸汽的見證，儘管這種利用最初可能是無意識的，但這種器物的出現是半坡人基於對生活的長期觀察和總結應該是無疑的。陶甑最特別之處就是在底部設計了一些小孔，這種帶孔的器底是後來箅子的雛形，其功能是既能讓蒸汽通過進而蒸熟食物，同時不致穀米下漏。這種器物和後來的陶甗、銅甗一脈相承。許慎在《說文解字》中對其作用進行了說明：「箅，蔽也，所

69

沉睡六千年的半坡遺跡

以蔽甑底。」清代段玉裁進一步解釋道:「甑者,蒸飯之器,底有七孔,必以竹席蔽之,米乃不漏。」

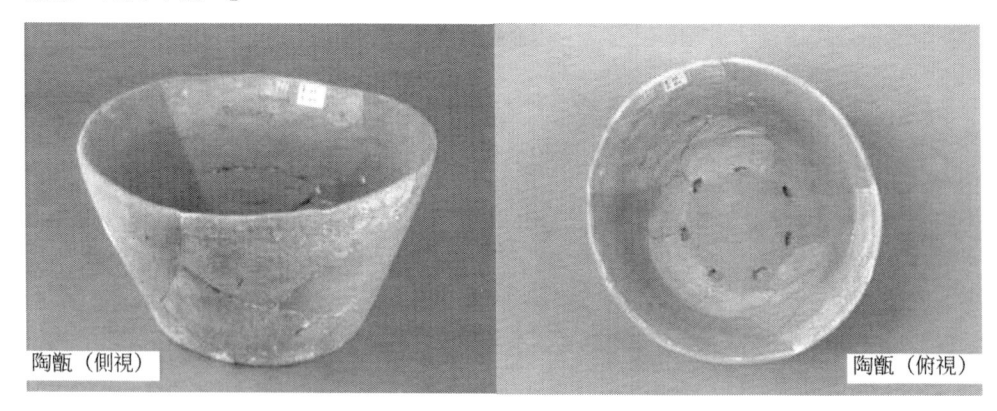

陶甑(側視)　　　　　　　　　　　　　　　　　　　陶甑(俯視)

(二) 飲食器

飲食器在生活用器中數量最大,品類最多,其質地絕大部分是用細泥製成,製作精美,其中部分器物繪有各種彩繪紋飾。從工藝角度講,飲食器是半坡陶器中的精品,代表了半坡製陶技術的高峰。

缽	碗	盆	豆	皿	杯	盂	盤

第三章　衣缽萬事——隱藏在陶器上的生活密碼

第一節　盆盆罐罐才是家——陶器為代表的生活用具

▭	▭	▭		▭	▽		
▭	▭						
▭	▭						
▭	▭						
	▭						
	▭						

1. 陶缽

提到陶缽，很容易使人聯想到出家人托缽乞食的情景。出家人修行，能放下一切世俗的名利與欲望，唯獨吃飯的缽不能放下。人活著就要吃飯，不吃飯就會餓死，「缽」是成就一切善根的前提，這就是出家人缽不離身的原因。

其實，缽這種飲食器在黃河流域新石器時代的遺址中是極其普遍的，在半坡遺址中就發現了 7 種類型、大小不同的 18 個樣式的陶缽，反映了其在史前人類生活中的重要性和無可替代的地位。

沉睡六千年的半坡遺跡

陶缽

2. 陶碗

　　陶碗已經和今天我們所用的金屬碗、瓷碗完全相同了。斜壁向上的大口和厚實並向外擴出的底部，使碗的特點形象畢現。有的碗底周邊被做成鋸齒狀或紐絲狀，顯然是為了便於握持，這種做法越到後來越多見，說明這種造型獲得了使用者的認可，最終成為碗的千古不變的型式。

第三章　衣缽萬事——隱藏在陶器上的生活密碼
第一節　盆盆罐罐才是家——陶器為代表的生活用具

3. 陶盆

陶盆的數量和種類與陶缽以及作為炊器和儲藏器的陶罐一樣可觀。中國民間一向用「鍋碗瓢盆」、「瓶瓶罐罐」來形容百姓生活，溯及史前人類的飲食生活，我們發現這樣的描述其實是其來有自。

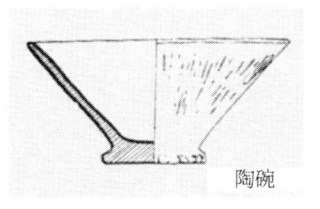

陶碗

陶盆

73

沉睡六千年的半坡遺跡

4. 陶豆

這是一種形似高腳杯的器物,是用於盛放食物的。到了青銅時代,這種器物成為禮器,而變得顯赫和高貴起來。

陶豆

(三) 水器

水器分為尖底器(包括打水用的小口細頸尖底瓶和儲水用的大口尖底器)、長頸壺、帶流罐和用於儲水的陶缸。

第三章 衣缽萬事——隱藏在陶器上的生活密碼
第一節 盆盆罐罐才是家——陶器為代表的生活用具

尖底器	長頸壺	帶流罐	缸

沉睡六千年的半坡遺跡

1. 小口尖底瓶

　　優美的流線型設計，謎一般的使用方式，使小口尖底瓶成為半坡遺址中最有代表性的器物。

小口尖底瓶

第三章　衣缽萬事──隱藏在陶器上的生活密碼
第一節　盆盆罐罐才是家──陶器為代表的生活用具

2. 大口尖底器

這種敞口鼓腹的尖底器，除用於儲水之外，也可能還有其他用途。

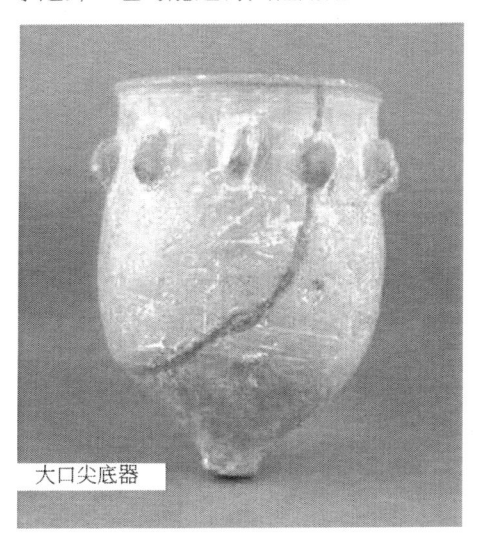

大口尖底器

3. 長頸壺

長頸壺造型優美、製作精巧，在半坡遺址出土陶器中最具美感。

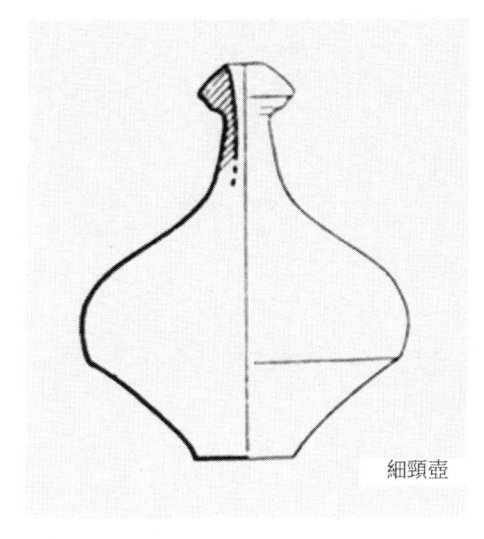

細頸壺

4. 帶流罐

「流」的本意是水道和水流動的意思，後來將各種容器內液體所由流出的嘴稱作「流」，形象地概括了水流動和水道的原意。

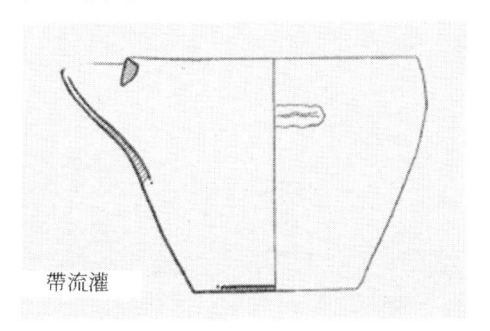

帶流灌

5. 陶缸

這類陶器一般多為細砂硬質陶，器型較大。

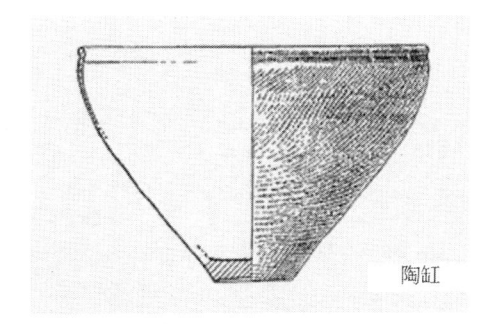

陶缸

沉睡六千年的半坡遺跡

（四）儲藏器

儲藏器主要包括儲藏植物種子的小型陶罐和儲藏糧食的大型陶甕。

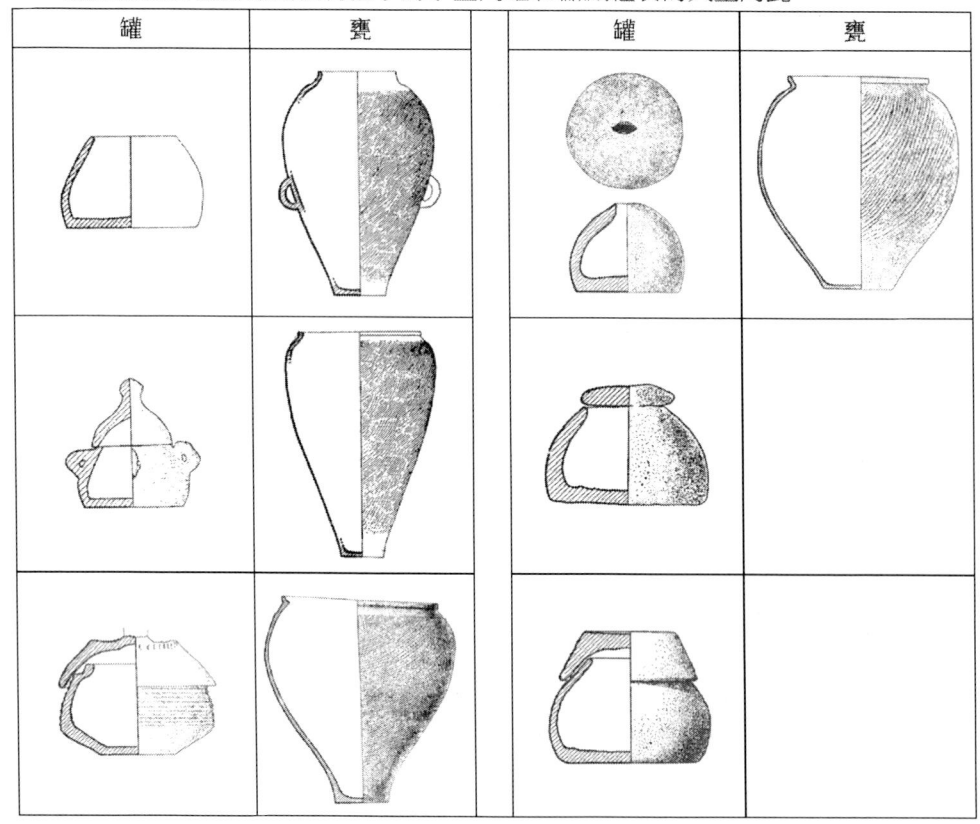

罐	甕	罐	甕

1. 陶罐

我們在談到炊器時曾經見到過陶罐的影子，作為儲藏器的陶罐，一則器形較小，二則沒有用火燒過的痕跡，這是與作為炊器使用的陶罐的區別。半坡遺址出土了數量可觀的小型陶罐，它們都是用來儲藏植物的種子？這也不太符合情理，哪有那麼多種子呢？合理的推論只能是這些陶罐還有別的用途。目前可以確定的是，這些小型陶罐並不是飲食器，因為多數為粗砂和細砂製成，一些用細泥製成的陶罐外壁裝飾有錐刺紋等，它們並不適合作為飲食器使用。所以，在作出更加合乎情理的判斷

78

第三章　衣缽萬事——隱藏在陶器上的生活密碼
第一節　盆盆罐罐才是家——陶器為代表的生活用具

之前，先將這些陶罐列入儲藏器，大抵無錯。

考古學家發現了一個很有意思的現象：半坡人似乎對植物種子的儲藏非常重視，以至於專門製作了這種小型罐子用於儲藏穀物或菜籽的種子。

桃形陶罐，罐口呈棗核狀，器壁很厚，器表光滑，出土時裡面裝有菜籽。帶蓋的儲存罐，其中一件用一個器皿作為蓋子，在裡面發現了保存完好的粟粒；另一件是在一個灰坑的壁龕上發現的，罐頂是一個餅狀的蓋子，存放在這個位置，其重要性和隱祕性的含義是明確的。

儲藏著菜籽的陶罐

儲存罐

2. 陶甕

這種器物一般體形較大，主要用作儲藏糧食或其他東西。在一個陶甕中發現有白色灰末，應是所儲藏東西的殘跡。敞口的陶甕也用作小孩死後的葬具，甕棺葬的名稱即由此而來。

陶甕

3. 陶器座

半坡遺址還出土了一種環狀器物，其特點是兩面相通，形狀相同。推測其可能是用作器座的，這也為尖底瓶一類器物的放置方法找到了一種合理的解釋。

陶器座

第三章　衣缽萬事——隱藏在陶器上的生活密碼
第一節　盆盆罐罐才是家——陶器為代表的生活用具

需要說明的是，對陶器用途的分析是相對的，每一種器物的用途都是按照需要而有所不同，有的本身就兼具不同的使用功能，如陶罐可作為炊器，也可作為儲藏器；有的則是在不同時期有不同的用途，如陶甕是生活用具，也可能作為葬具。

（五）陶窯

品類如此豐富、造型如此多樣的陶器是如何燒製出來的呢？

在已經發掘的遺址中，共發現了6座陶窯，大體上可以分為橫穴窯和豎穴窯兩種形式。橫穴窯的時間較早，豎穴窯的時間相對晚一些。兩種陶窯的窯室均較小，由火膛、火道、火眼和窯室等幾部分組成。陶窯的體積不是很大，大的陶器每窯只能燒1～2件，小一些的陶器一般每窯能燒3～5件，特別小的陶器每窯能燒10餘件。

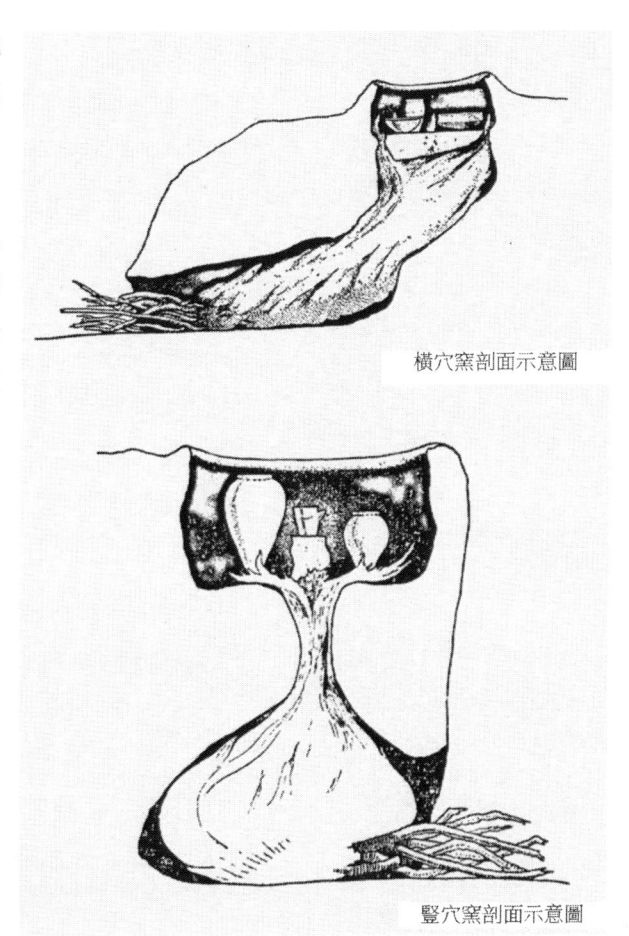

橫穴窯剖面示意圖

豎穴窯剖面示意圖

81

沉睡六千年的半坡遺跡

第二節　無所不在的弧線
——半坡人生活中的藝術

　　如果說繁複的生活器具所體現的功能的多樣化是半坡人生活多樣化的反映，那麼，半坡陶器造型的多樣化則體現了半坡人在製陶技藝方面的造詣和藝術風範。實用功能是陶器製作的最初的原動力，但是半坡的製陶工匠將陶器的實用功能與美觀兼顧，可謂是匠心獨運、得心應手。

（一）弧線之美

　　雖然半坡人還沒有「圓上任意兩點間的部分叫作圓弧」這樣的數學概念，但回想一下我們已經見過的陶器，他們在陶缽、陶盆、陶罐等器物上對弧線的把握和運用，是不是十分老到？單獨面對個體器物時，這種感覺可能並不清晰，讓我們對比一下尖底器上的弧線，弧線的飽滿、不同弧線相切變換造成的曲線，無不瀟灑流暢，收放自如。

尖底器對比圖

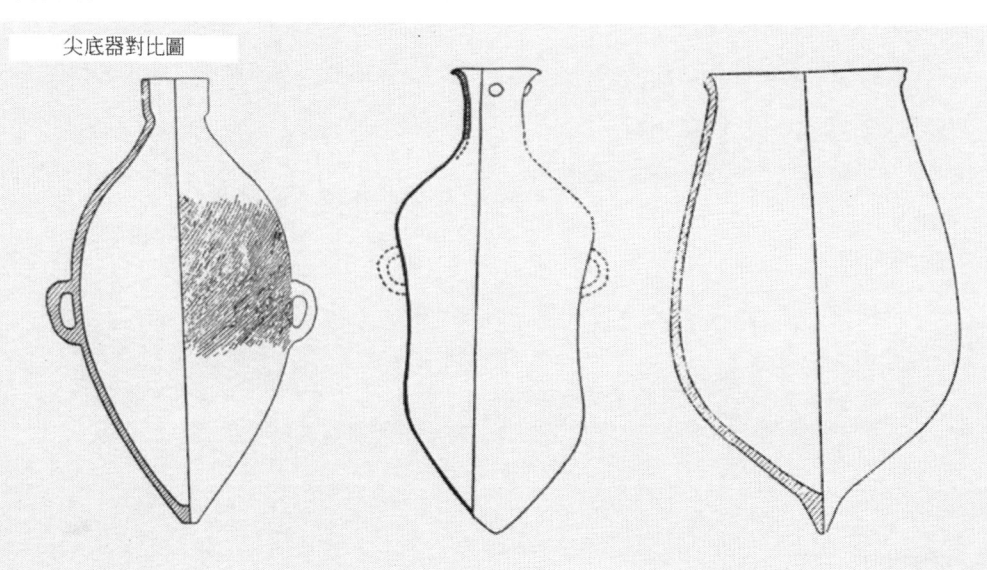

第三章　衣缽萬事——隱藏在陶器上的生活密碼
第二節　無所不在的弧線——半坡人生活中的藝術

（二）「底線」之變

　　考古學家描述陶器時，喜歡由上到下比照人體的部位來敘述，如頭、口、耳、頸、肩、腹、底（足）等，這種擬人化的方式形象易懂，也便於交流。細細觀察，半坡工匠對陶器底部的處理也是變化多端，有尖底、圜底、平底和圈底等種類。然而在這種種的變化中，卻有一條不變的法則：將實用和審美進行到底。

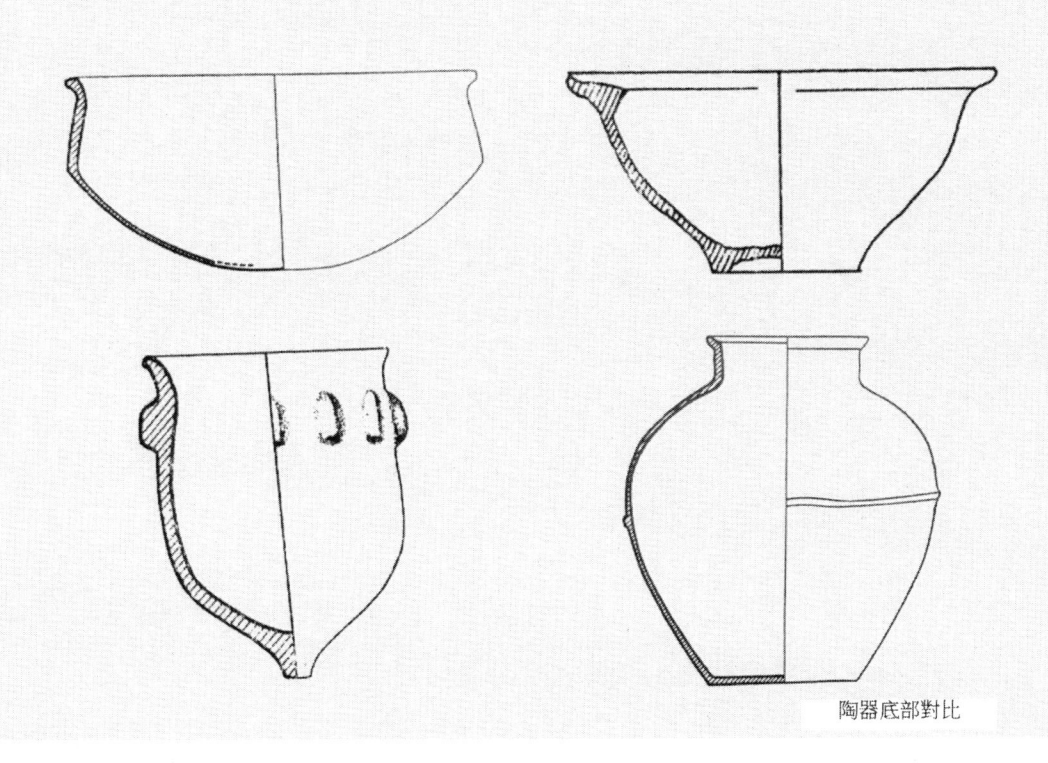

陶器底部對比

83

沉睡六千年的半坡遺跡

（三）細節之妙

對陶器細部的關注也體現了半坡人的審美追求，如在陶器口沿、耳、流、把手、蓋鈕等器物局部附屬造型方面特別留意，使之成為陶器整體的重要組成部分。陶器口沿有敞口、侈口、直口、斂口、尖唇、平唇、卷唇、圓唇、重沿唇等將近70種不同的塑造形式，流的造型有利於控制水的用量、速度，耳用於繫繩以方便懸掛攜帶，而把手、蓋鈕則便於器物的提拿抓握，對陶器局部造型的特別關注，是長期定居之後生活品質逐步提高而對陶器功能品質的必然要求。

陶器口沿分類圖

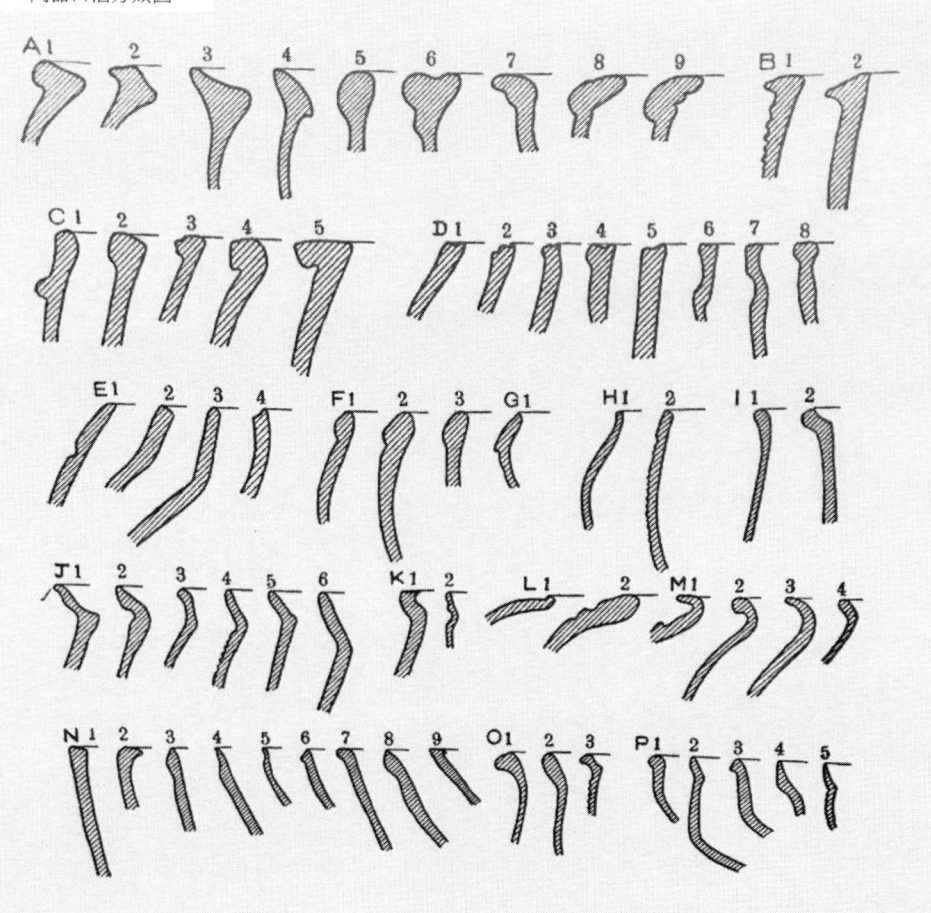

第三章　衣缽萬事——隱藏在陶器上的生活密碼
第三節　飽食暖衣——吃什麼？穿什麼？如何加工？

第三節　飽食暖衣
——吃什麼？穿什麼？如何加工？

在前一章討論漁獵工具時，已經介紹了在半坡遺址中發現有斑鹿、獐、竹鼠、野兔、短尾兔、狸、羚羊等動物及魚類的骨骼，不過，較之這些野生動物骨骼，在半坡遺址中發現更多的是豬的骨骼。這很容易使人聯想到動物的馴養，這也是很自然的事，因為馴養是狩獵生產剩餘後的自然結果。中國是世界上最早馴養動物的國家之一，半坡遺址中出土的動物骨骼也證實了這一結論。如果說野生動物骨骼的發現道出了半坡時代的自然環境，那麼家畜的存在則直接反映了半坡人馴化動物的能力。

（一）六畜尋跡

《三字經》中說：「馬牛羊，雞犬豕。此六畜，人所飼。」根據動物考古的研究結果，六畜的被飼養並不是同時發生的，半坡遺址出土的動物骨骼也與這一結論相吻合。

在已經發掘的半坡遺址中，豬骨的分佈最廣泛，舉凡房子內部、灰坑都有發現，包括枕骨、下頜骨和肢骨等。下頜骨上保存著不完全的牙齒，保存有乳齒的占絕大

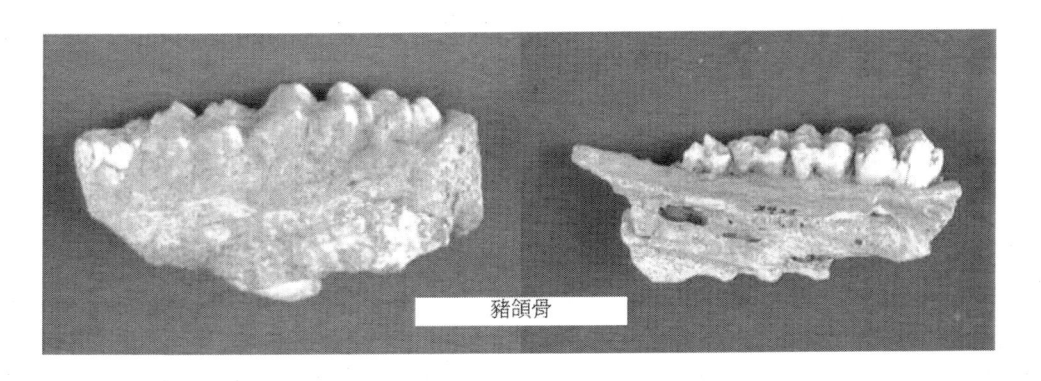

豬頜骨

沉睡六千年的半坡遺跡

多數。肢骨一般都不完整，有的只剩關節部分，更多的是只剩下兩端。大量年幼標本和被敲碎的肢骨的存在，說明食肉和吸髓是半坡人的主要飲食方式。

半坡遺址中發現的圈欄遺跡，也證明了飼養活動的存在。

狗是人類最早馴養的動物，但半坡遺址中發現的狗的骨骼數量卻沒有豬的骨骼數量多，想必是狗作為人類最早的朋友，更多地承擔著隨行打獵和守護家園的任務，而不像專門為提供肉食的豬那樣會隨時被宰殺。

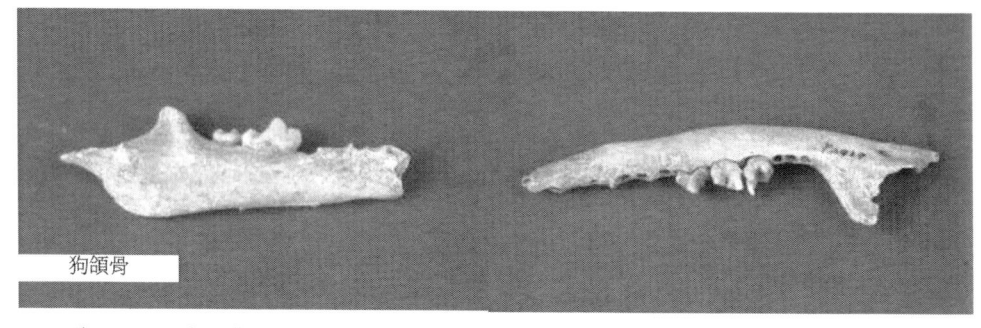

狗頜骨

牛、馬、羊、雞的骨骼都比較少，說明這些動物人工飼養的程度還很低。

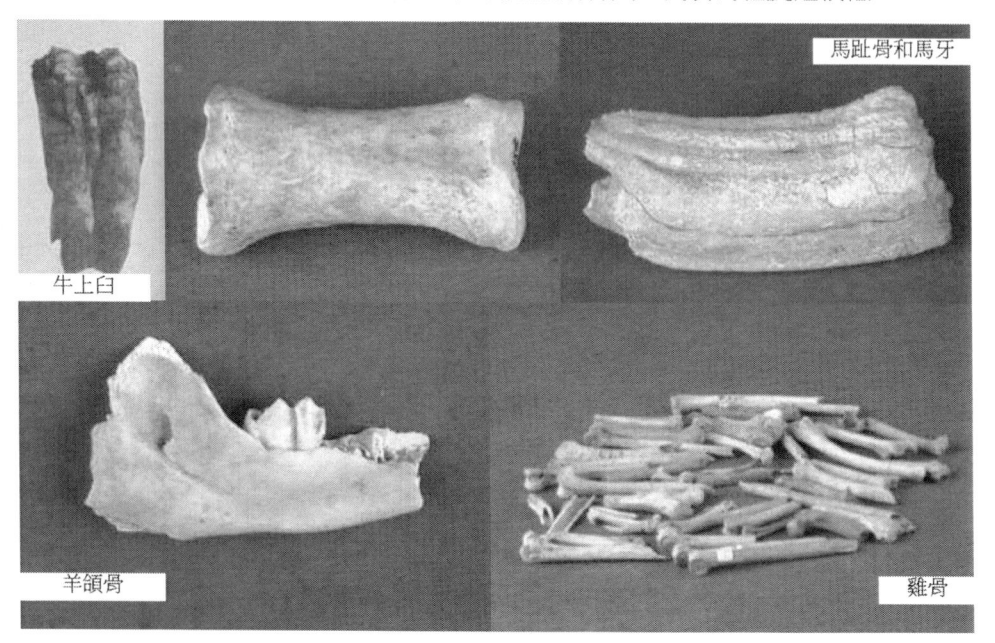

牛上臼

馬趾骨和馬牙

羊頜骨

雞骨

第三章　衣缽萬事——隱藏在陶器上的生活密碼
第三節　飽食暖衣——吃什麼？穿什麼？如何加工？

野生動物和飼養家畜骨骼的存在，證明肉食是半坡人的一項主要食物來源。半坡遺址中出土的刮削獸皮或切割肉類的骨鑿、骨刀、蚌刀，以及大量石質和陶製的成品及半成品的刮割器（數量達 3996 件），使我們可以想像到，半坡人辛勞一天之後圍坐在灶火邊大快朵頤的情景。

骨刀

蚌刀

骨鑿

刮割器

沉睡六千年的半坡遺跡

（二）家有餘糧心不慌
——半坡氏族的糧食儲藏

定居生活的實現，必須以穩定的農業生產為前提和保障。半坡遺址中的一些跡象說明當時的糧食生產是很有保障的。

1. 地窖

在半坡遺址已經發掘的約 1/5 的區域內，發現了 200 多個地窖，這一資料和在同樣面積內發現的 46 座房屋遺跡相比，在數量上具有明顯的優勢。考慮到這些專門用於儲藏的窖穴密集分佈在居住區內，且和房屋交錯相處，我們有理由相信這是半坡人的儲物庫。

其中一個圓形的袋狀窖穴除了坑壁用細膩的黃土塗抹之外，坑底周圍還有一圈小淺槽，應當是特別的設計。更重要的是，在遺址中發現了糧食堆積的遺跡，糧食腐朽後形成的殼灰呈灰白色的半透明狀，厚達 18 公分。

糧食堆積的遺跡

● **知識連結**

孝感動天——舜帝與倉廩的故事

「孝感動天」是二十四孝故事中的第一個，舜是一個很孝順的孩子，但是後媽和父親、弟弟想盡一切辦法，欲致其於死地。舜則在一次次逃過迫害之後，依然對父母孝敬如初，這讓上蒼都十分感動。司馬遷在《史記》中寫道：「瞽叟尚複欲殺之，使舜上塗廩，瞽叟從下縱火焚廩。舜乃以兩笠自捍而下，去，得不死。」

故事發生在傳說的五帝時代，與半坡氏族生活的時代相去不遠。這個故事給我們提供了當時的一些生活細節：用於儲藏的倉庫——廩，已經是很普遍的生活設施；那時還沒有瓦，所以倉廩的頂部需要經常地「塗」——用泥巴進行維修。這讓我們聯想到半坡氏族的地窖和木骨泥牆的房屋建築，其時代精神和建築風格竟如此吻合。

第三章　衣缽萬事——隱藏在陶器上的生活密碼
第三節　飽食暖衣——吃什麼？穿什麼？如何加工？

2. 碾磨器——糧食加工工具及其方法

　　史前時期糧食的加工方式是什麼？《易經》裡說：「斷木為杵，掘地為臼。」《說文解字》也說：「古者掘地為臼，其後穿木石。」意思是說，在地上挖個坑當臼，以木棒為杵，就直接開始舂米活動了。簡單是簡單，但舂出來的米的品質可想而知。

　　半坡氏族的糧食加工工具是碾磨器，包括石磨盤、石磨棒和磨石。碾磨器用料講究，有些還是經過磨製加工。石磨盤是用砂岩或花崗片麻岩製成。最大的一件長達 48 公分。其中一件石磨盤的中部磨蝕程度很深，形成深約 1.5 公分的圓凹面，可見其使用時間之長。石磨棒用圓柱形的礫石製成，兩端修整成尖圓形。磨石是選擇扁圓的礫石製成的，一般比較厚重，利用其一面或兩面進行碾磨。

碾磨器

　　石杵是用於舂搗的工具，有的呈橢圓形，有的為圓柱形。在橢圓形的石杵中，有些在一面鑿有便於握持的窩穴。石杵的一端或兩端都有因舂搗而形成的麻面，說明使用的時間也是很長的。

石杵

沉睡六千年的半坡遺跡

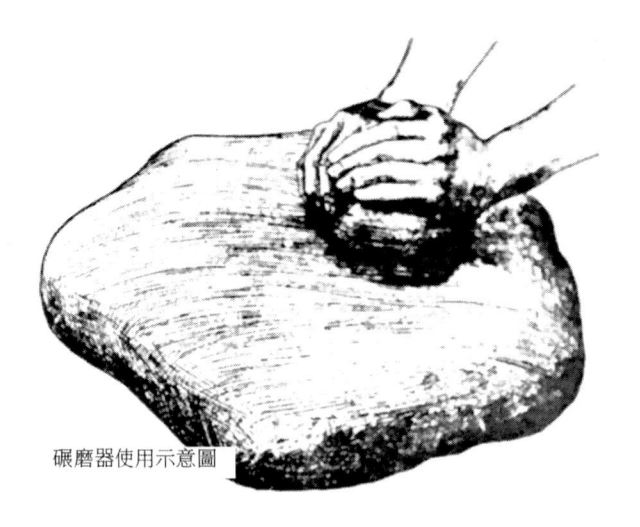

碾磨器使用示意圖

獨龍族人用木碓研磨穀物
(《民族畫報》王耀知攝)

半坡氏族的糧食加工方法，是先把穀物放進石磨盤之中，然後手執石磨棒或磨石進行反覆的碾磨，既可脫殼，又能磨碎。這種原始的糧食加工方式，直到一九四五十年代在高黎貢山上生活著的獨龍族人那裡還有孑遺。

3. 半坡人的廚房

從已經發掘的遺址中，還沒有能夠說明半坡人有專門廚房的證明。大家還記得每個房屋中都有的那個灶坑嗎？熊熊燃燒的灶坑周邊就是半坡人的廚房，他們的居住空間兼具臥室和廚房的功能。

半坡人將脫殼的粟米或煮糊粥，或蒸乾飯，均為家常之事。遺址中出土的燒水的陶罐、煮飯的釜鼎、蒸熟食物的陶甑，以及各種陶缽、陶碗等，都是當時人製作的享用美食的器具。

蒸煮之外，燒烤也是可以想像的實物製作方法。石興邦先生認為，磨碎的穀粉可能是半坡人用來烤餅吃的。他在《半坡氏族公社》一書中說，遺址東北發現有一個口小底大的燒坑，其口徑為0.5公尺，底徑稍大，但也不到1公尺，深也為0.5公尺。坑壁周圍除有一圈（層）細泥，燒烤堅硬，無煙熏痕跡。粟米餅貼在四周壁上，中間生火烘烤。現今西北地方的少數民族也使用類似的烤餅法。

這種做法史有所書，《禮記》記載：「神農時，民方食穀，釋米加燒石上而食之。」

第三章　衣缽萬事——隱藏在陶器上的生活密碼
第三節　飽食暖衣——吃什麼？穿什麼？如何加工？

其做法是：「以炮、以燔、以亨（烹），以為醴酪。」又載：「燔黍，以黍米加於燒石之上，燔之使熟也。」陝西關中一帶享有盛名的石子饃，

可能就是這種「石烹」遺風的發展。

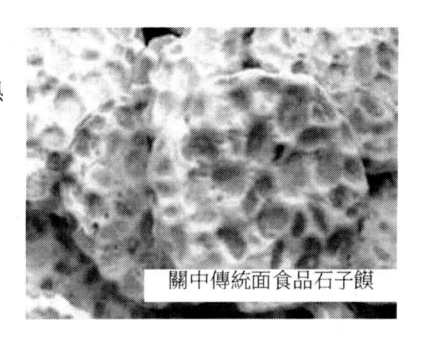

關中傳統面食品石子饃

（三）編與織的印痕
——織女時代的到來

戰國時期的政論家韓非子在其著名的政論散文《五蠹》中這樣寫道：「古者丈夫不耕，草木之實足食也；婦人不織，禽獸之皮足衣也。」也許，韓非子只是為了引出自己的觀點而進行的假託，未必不知道遠古時期人們食「草木之實」和衣「禽獸之皮」不是「丈夫不耕」和「婦人不織」，而是耕種和紡織在那時候還沒被發明出來。

半坡人已經開始了穿衣織布的紡織活動，這應該是確定無疑的。前述各式紡輪以及穿孔骨針等器物的存在，暗示著紡織、編製技術的成熟，以及半坡人生活品質的不斷改善。不僅如此，半坡人無意之間將紡織和編織的作品留在了陶器的底部，成為今天我們窺探其紡織和編織技術的最有力證據。

印有席紋的陶器　　　　　　　　　印有布紋的陶器

沉睡六千年的半坡遺跡

在半坡遺址出土的陶器上發現的紋飾中,多數是為了裝飾陶器而刻意為之。只有編織紋例外,這種紋飾是在陶器製作過程中遺留下來的。陶坯成形後還需晾乾,才能入窯燒製,在這個過程中,用來作為墊子的席子、布製品等編織物的紋路就印在了陶器底部,陶器燒成後就形成了編織紋。編織紋不是為了裝飾陶器,但是裝飾生活的目的也是明確的,只是沒有藉助編織物本身留存下來,而無意中讓陶器成為其傳播的介質,也算是造物神奇之處。真是有心栽花花不開,無心插柳柳成蔭。

編織紋包括席紋和布紋兩種,在半坡遺址中共發現100多個標本,有些保留在完整的器物底部,多數則留存於陶器殘片上。

布紋的標本較少,有粗布紋,也有細布紋,細的有如後來的帆布。較之布紋,席紋的數量多,種類也很豐富。就近觀察一下半坡人的編制作品,其中表現出來的心的靈動和手的飛舞猶在眼前。

仔細梳理其編織的方法,可以分為四種。

1. 斜紋編織法

這種編織方法的器物最多,其特點是經線和緯線垂直相交,緯線下穿兩根或數根經線而成,所織成的紋樣呈斜交狀。斜紋編織可以分為人字紋編織法、辮紋平直相交法和條帶式編織法。

(1) 人字紋編織法

其特點是經線和緯線都是扁條狀,粗細相同,彼此穿過或壓下兩條或三條,依次推移而成,其紋樣與現在的蘆席一樣。

人字紋

(2) 辮紋平直相交法

這種方法是經線和緯線互相交錯,經線每穿過緯線5條,壓緯線1條。相鄰的上面顯出的兩條經線則穿過1條緯線,壓一條緯線;緯線則穿過兩條經線,壓5條經線;經線依次向右推移,緯線依次向左推移。

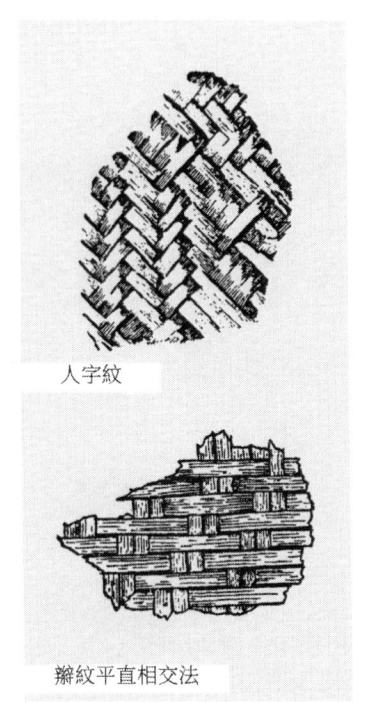

辮紋平直相交法

第三章　衣缽萬事——隱藏在陶器上的生活密碼
第三節　飽食暖衣——吃什麼？穿什麼？如何加工？

(3) 條帶式編織法

這種方法與人字紋編織法類同，只是所用的經線為一根一根的圓柱狀的草莖或枝條，緯線則為寬扁的薄條。

這種編織法形成的紋樣有下列幾種：

經線與緯線每隔兩節交互疊壓，緯線寬，經線細。

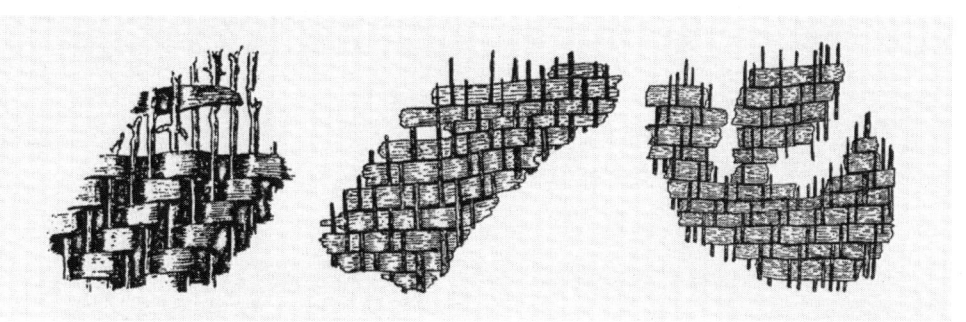

緯線每穿過經線兩根，壓下兩根，而經線則穿過一條緯線，再壓下兩條緯線。

緯線每穿過一根經線，壓兩根經線而經線每穿過兩條緯線則壓一根緯線。

沉睡六千年的半坡遺跡

2.纏結編織法

這種編織法是由緯線繞經線，即用緯線穿過經線一根、壓兩根，並編繞後面一根，後一根則纏壓前一條所壓之後面的一根，編出的紋樣呈斜交人字紋。

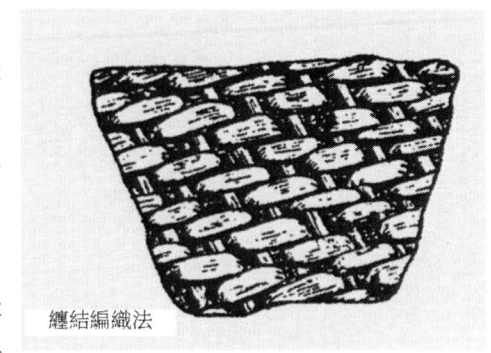

3.絞纏法

這種方法用於布的編織，大體上先將經線正好，然後將兩條緯線絞穿經線而成，其絞穿工具可能是骨針一類的東西，其紋樣有明顯的相互絞纏的痕跡。

纏結編織法

4.棋盤格或間格紋編織法

這種編織法是經緯兩線垂直相交，互相相間壓穿而成。

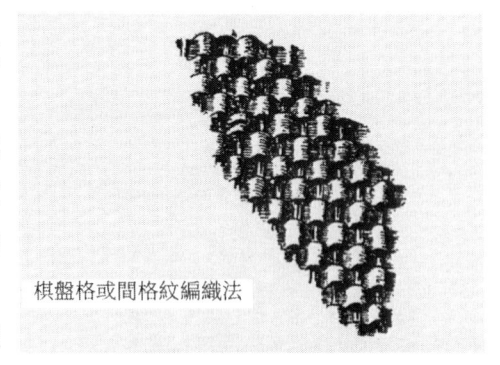

說到編織，不能不提到的一個問題就是繩線的撚結法。半坡遺址中出土陶質和石質的紡輪有52件，就是撚結繩線的工具。

一般將粗的叫繩子，細的叫線。根據陶器表面所裝飾的繩紋和陶器底部留下來的布紋，從這些痕跡來觀察，最粗的繩子直徑約4毫米，最細的線紋約0.5毫米，幾乎和今天普通的絲線差不多，紋痕都相當清楚，說明當時紡線和撚結繩子的技術已經有很高的水準了。

棋盤格或間格紋編織法

至於紡線和撚結繩子的原料，沒有任何確切的材料以資說明，目前學者推測可能是大麻一類的東西，而獸毛也許偶爾作為紡織的原料來用。

半坡遺址出土陶器上的編織紋如此繁複和變化多端，其手工技藝足以令人稱奇。不過，考慮到半坡人已經具有的精湛的製陶技藝和彩陶繪畫成就，一切也就很好理解了，因為藝術的發展不但和整個社會的發展水準相關，各種藝術品種之間也是相互影響、借鑒和協同發展的。半坡人在繪製彩陶方面的藝術造詣也必然地會對紡織品的加工產生影響。

第四章 浸染在原始藝術中的精神世界

沉睡六千年的半坡遺跡

曾幾何時,我們對原始人的生活狀態尤其是精神生活方面,頑固地停留在「茹毛飲血」的認識階段,但是事實上越來越多的史前遺址發現證明這種認識是盲目的、不可靠的。很多文化現象至今無法解釋,要想依靠現代科技完全走進原始人的精神世界仍然還是一道未解難題。

正因為如此,我們會發現考古學家和文化史學家所描述的原始人的精神世界是那麼地捉摸不定,又是那麼地勾起人們持續的探索欲望。

在以前各章,我們已經或多或少地涉及到了半坡先民的精神世界。在這裡,我們再進行一次更深入的探討。說「更深入」,其實並沒有多少底氣,更多的還只能是一種揣度。有人可能會問為什麼會用「揣度」一詞?很簡單,因為我們只能揣度。一方面,半坡時代還沒有產生文字,半坡先民的思想和精神世界都是依靠符號和圖畫來表達和傳遞的。另一方面,半坡先民那些看來隨心所欲的作品包含了太多的資訊,以至於我們很難一下子直抵他們的內心世界。

第一節
紋飾

半坡人在陶器造型方面的造詣已如前述,如果說陶器造型的豐富只是滿足了實際功能的需求,那麼在陶器表面進行的裝飾則體現了半坡人扮美生活的能力和令人驚訝的想像力。首先,紋飾的種類非常豐富。考古學家對半坡遺址出土陶器上的紋飾進行了分類,計有繩紋、線紋、弦紋、剔刺紋、籃紋、剔刮紋、編織紋、附加堆紋8類。實際上,遠不止這些,僅就剔刺紋一類來說,還可分為三角形紋、方形紋、錐形紋、方條紋、指甲紋等10種。

其次,這些紋飾並非隨意飾於器物之上,而是根據陶器器形、質地的特點以及部位的不同分飾不同的紋飾。這樣,器型的多樣與紋飾的反覆相互組合,展示出一

第四章　浸染在原始藝術中的精神世界

第一節　紋飾

個斑斕多姿的陶器世界。

以下是考古學家對半坡陶器上幾種紋飾的分析，這將引導你從一個獨特的角度進入半坡人的真實生活。

（一）繩紋

繩紋是半坡遺址出土陶器上的一種主要紋飾，其方法是在陶拍上纏上草、藤之類繩子，在坯體上拍印而成，有縱、橫、斜等形式，可分為粗繩紋和細繩紋兩種、其中粗繩紋多飾於粗砂陶器上，細繩紋多飾於細泥陶器或細砂陶器上。這種主要依靠陶拍拍壓形成的紋飾，說明當時的工匠已經充分考慮到了繩紋的粗細與器物質料堅緻密度之間的關係。

繩紋

（二）線紋

這種紋樣細如絲線，多用在束腰尖底器上，也是用陶拍拍上去的。

線紋

（三）弦紋

弦紋是在陶器表面刻劃出的單一的或若干道平行的線條，排列在器物的頸、肩、腹、脛等部位，在各種陶質的器物上都有見。值得注意的是，粗陶器上的弦紋往往

沉睡六千年的半坡遺跡

壓在繩紋之上，或者與繩紋並列，表現出陶器製作工匠的靈活性，也使陶器紋飾變得更加豐富。

弦紋

（四）剔刺紋

剔刺紋是用剔刺的方法形成的紋樣，因為剔刺的工具不同，使紋飾呈現出麥粒狀、穀殼狀、棗核狀、三角形、方形、錐形等，品類最為豐富。

麥粒或穀粒狀紋形如肥碩的麥粒或穀粒，此類紋飾是用銳利的尖圓形器剔刺而成。

棗核狀紋的痕跡較大且深，是用尖圓器做成後，再加修剔而成。

麥粒或穀粒狀紋

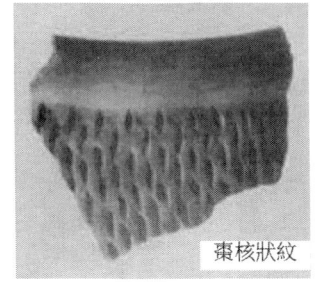

棗核狀紋

第四章　浸染在原始藝術中的精神世界
第一節　紋飾

三角形紋有長腰及等腰三角形等形狀，是用扁平或方平刃的工具壓成。

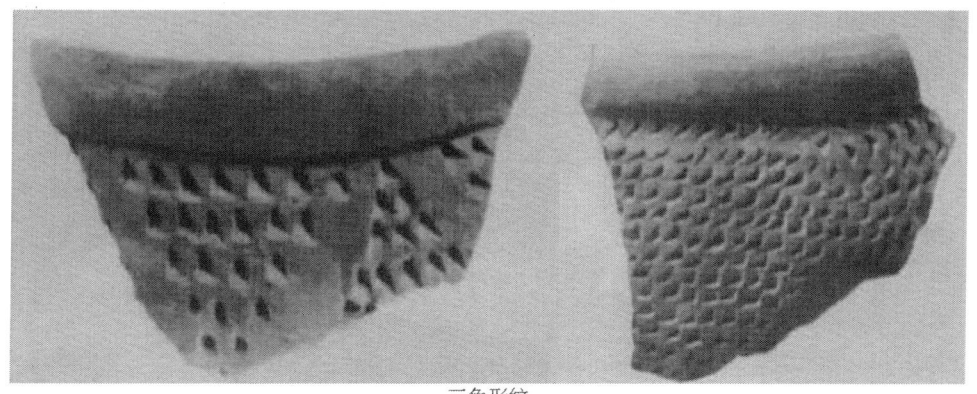

三角形紋

方形紋形狀為方形，口大而內尖，剖面似漏斗，是用扁平器剔刺後斜壓而成。

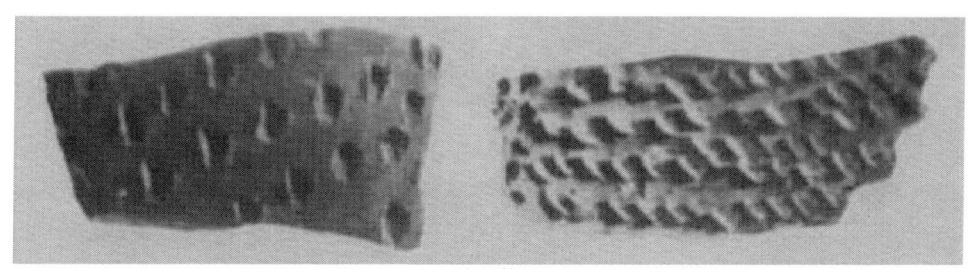

方條紋

方條紋比較少見，在半坡遺址中僅發現一例，屬於一種鑲邊花紋，其特點是在弦紋下豎飾一周整齊而密集的方形條紋。

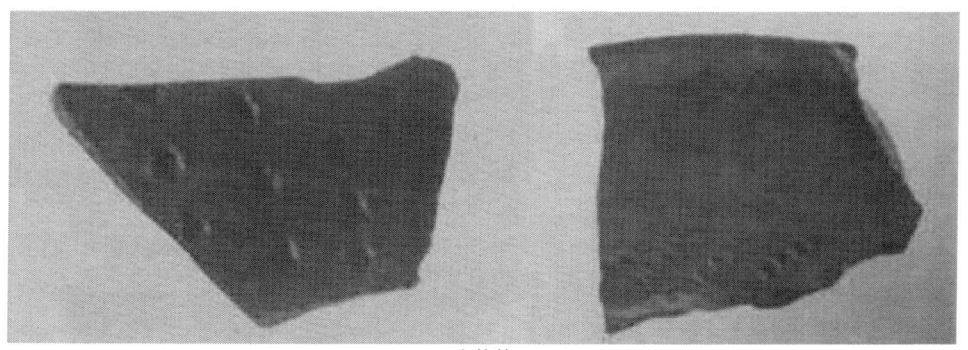

方條紋

沉睡六千年的半坡遺跡

　　圓洞狀紋是用錐直刺而成，紋飾密集，有的還排成整齊的幾何圖形。半坡人似乎很鍾愛幾何形圖案，在麥粒或穀粒狀紋、三角形紋中也常見到這種排列有序的幾何形圖案。

　　有意思的是，在一件紅陶缽底部邊緣很不起眼的部位，研究人員發現了一組呈三角形的錐刺紋，這種現象很使人費解，因為對陶器進行裝飾是為了美觀，而將紋飾剔刺在實際使用過程中很難看到的地方，這一目的就很難實現了。因此，這種做法的含義難以琢磨。有研究者推測可能是陶工的率性為之，不過實在沒有其他可資佐證的材料，也就只能聊備一說。

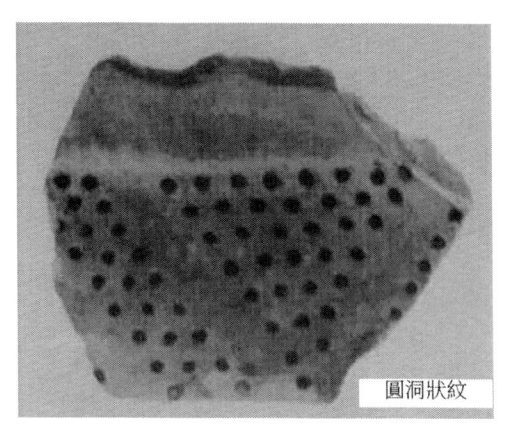

圓洞狀紋

紅陶缽底部邊緣三角形的錐刺紋

第四章 浸染在原始藝術中的精神世界
第一節 紋飾

指甲紋是用指甲剔刺形成的花紋，有的指甲紋滿飾於器物全身，顯得非常華麗。

（五）附加堆紋

和以上紋飾均直接在陶器表面形成不同，這種紋飾是在器物成形後附加於器身之上的，故稱附加堆紋。附加堆紋既有單獨的堆飾，也有帶狀的堆飾。

單獨的堆飾是將泥條或泥塊附加於器表，做成圓餅形、條形、鳥頭形等形狀。這種堆飾除了美化器物，還有使用的功能。如一件弦紋紅陶四紐罐，肩部上有4個鳥喙狀飾，顯然是為了便於繫繩持拿而設置。另外，這件器物腹部還飾有13條弦紋，這種將不同紋飾組合使用的做法，在半坡遺址出土陶器中比比皆是，從一個側面反映了半坡文化的絢爛多姿。

弦紋紅陶四紐罐（俯視）　　弦紋紅陶四紐罐（側視）

101

帶狀堆飾是用泥條環繞器壁做成的帶飾，這種做法在使得陶器姿態變化的同時，更多地體現了其加固器物的作用。考古學家注意到，這種紋飾多裝飾在粗陶器和大型陶器上，可引以為證。

附加堆紋罐

第四章　浸染在原始藝術中的精神世界
第二節　繪畫

第二節　繪畫

縱觀世界，各地文明的發展約從西元前 4000 年左右開始進入加速度發展階段，半坡文化正好處於這個階段。半坡彩陶所體現出來的繪畫藝術，其水準之高，內涵之豐富，令人歎為觀止。

（一）俯察品類之盛
——半坡藝術家畫筆下的動植物

對動植物形象的描摹是原始社會藝術家永遠的題材，半坡的藝術家們自不例外。對魚和鹿的特別關注和精心繪製，形成了半坡繪畫獨特的藝術風格。

1. 魚，魚，魚——半坡人靈魂深處的精靈

捕魚工具的發現說明魚曾經是半坡人重要是食物來源之一。但是，當將目光轉向有關魚的繪畫作品時，我們發現這樣的認識遠遠不夠。

在半坡繪畫作品中，魚的形象太醒目了，大魚小魚，單魚雙魚，寫實魚變形魚……等等，不一而足。對於魚的描摹，不僅大，且生動傳神、變化多端。

魚紋可分為單體魚紋和複體魚紋兩類。

單體魚紋用筆灑脫流暢，魚身各部分俱全，頭、尾、鰭及身段各部分比例協調。魚口微張，鼻尖翹起，呈游水狀。有的魚則是張口露牙，睜大眼睛，向前張望。

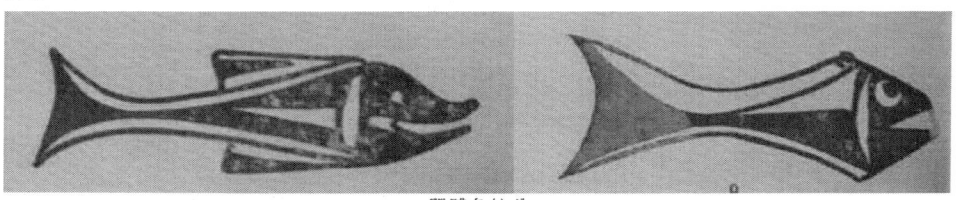

單體魚紋盆

沉睡六千年的半坡遺跡

　　完整的陶器保存下來的幾率實在太低，更多的標本是殘存的陶片，需要考古學家將這些殘片一一整理、對比。這種精心的工作是頗有成效的，除了部分地還原了當時的藝術面貌，還讓人們體會到了半坡藝術家們觀察事物的細膩態度和捕捉瞬間動作的敏感性。

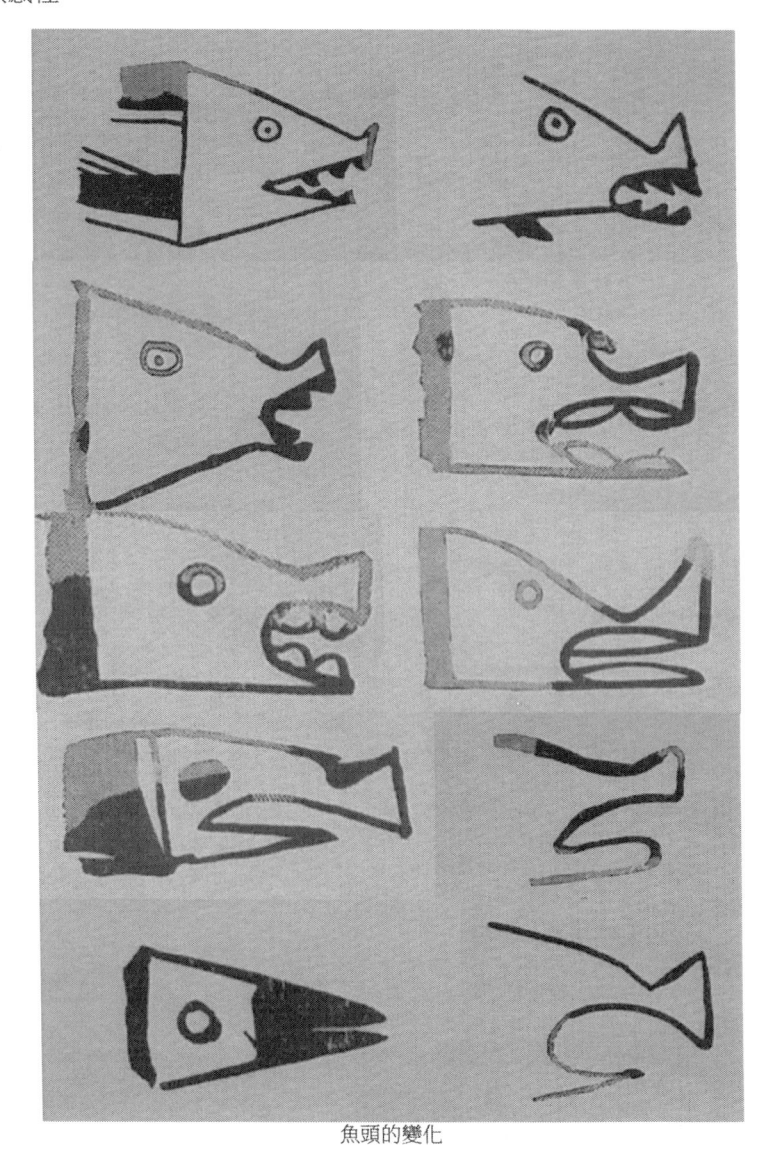

魚頭的變化

第四章　浸染在原始藝術中的精神世界
第二節　繪畫

複體魚紋是指由兩條或兩條以上的魚紋組成的花紋。這類紋飾數量較多，有壓疊和並列等形式，形態複雜。

平行壓疊的雙魚，魚身與魚頭合在一起。

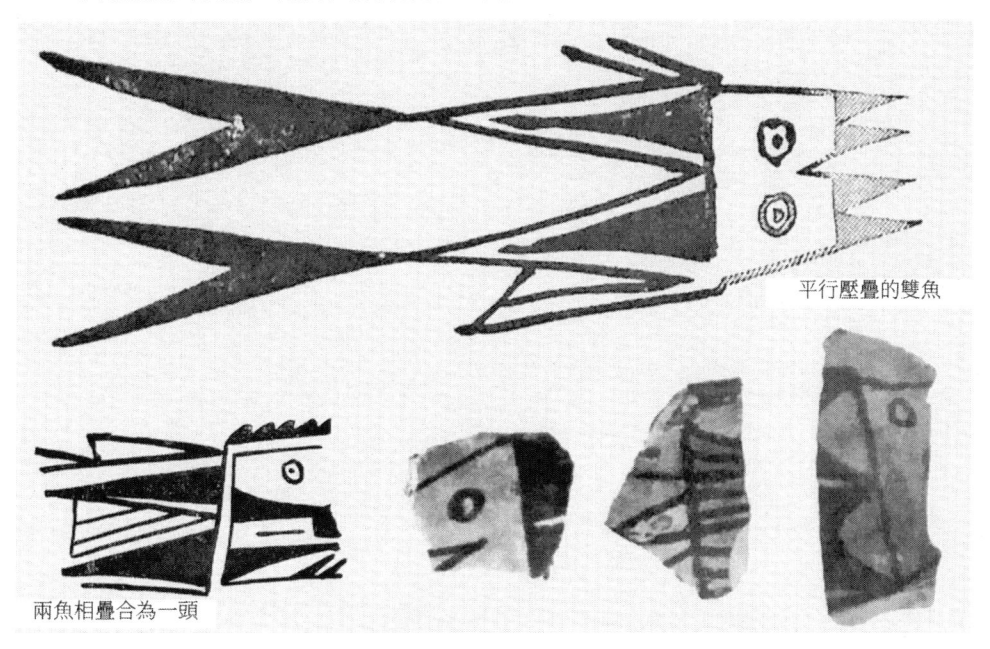

平行壓疊的雙魚

兩魚相疊合為一頭

兩魚相疊的紋飾，一般只有魚身而無魚頭

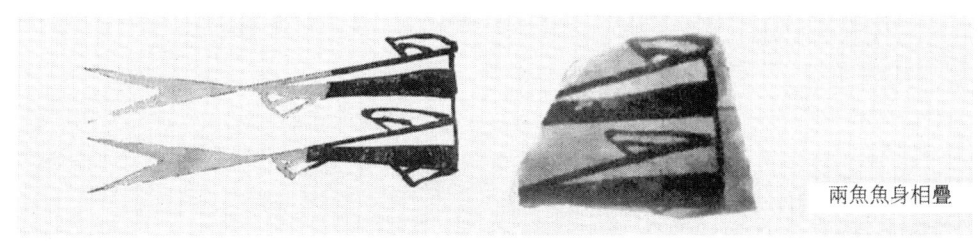

兩魚魚身相疊

兩魚頭相接組成一條帶狀花紋已趨向圖案化，身體部分失去魚的形態，頭部為三角形。

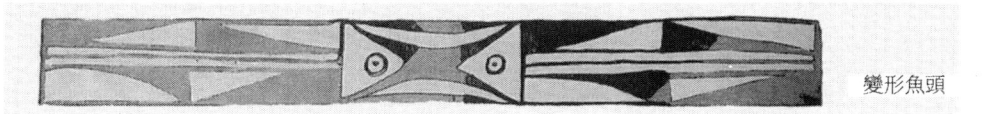

變形魚頭

沉睡六千年的半坡遺跡

此處，還有三條魚相疊而成的花紋。

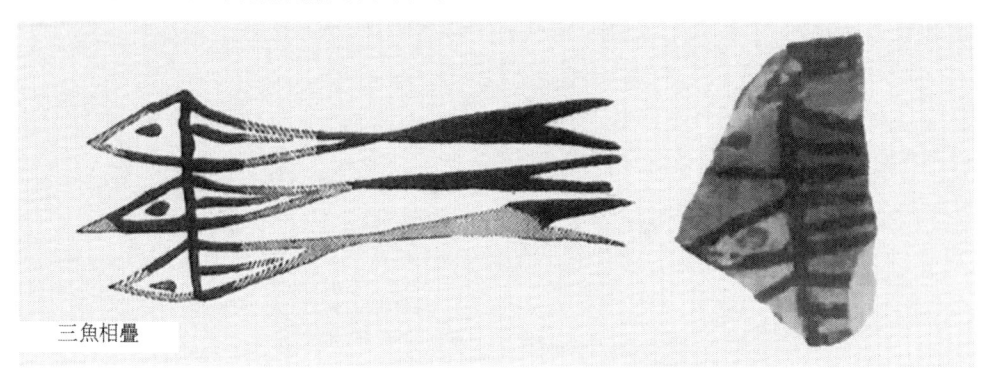

三魚相疊

我們也看到了四魚相交疊壓而成的花紋，上下疊壓，尾部兩兩相接，呈現一身兩頭狀。

四魚相交疊壓

2. 鹿紋——傳神之筆

比起魚來，半坡藝術家對其他動植物的描繪可謂惜墨如金。

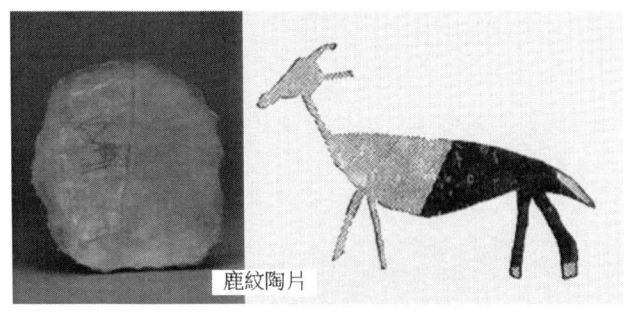

鹿紋盆　　鹿紋陶片

第四章　浸染在原始藝術中的精神世界
第二節　繪畫

　　上面是半坡遺址發現的僅有的三件關於鹿的紋飾，鹿的閒適、機敏和勁捷等狀態，是不是得到了傳神的表達？

　　半坡遺址中還出土了似禽類的圖案、似龜的圖案、類似動物頭面圖案化的花紋，以及幾個樹幹、枝葉的植物形狀的花紋，這些為數不多的動植物形象雖然由於過於殘破而難以辨識其全貌，但這些形象的存在使半坡藝術題材顯得不再那麼單調。

禽類圖　　　　　　　　彎角羊頭圖案

疑似魚頭正面形象　　　　龜類圖案

植物紋

（二）幾何形圖案花紋
　　——半坡藝術家的創造性成就

　　幾何形圖案花紋在半坡彩陶中數量最多，品類更為豐富。根據已經發掘的資料，

107

沉睡六千年的半坡遺跡

以考古學家的專業視角劃分，共分出 47 種類型，89 種樣式。

囿於篇幅限制，本書只選錄幾種有代表性的彩繪陶器，以供鑒賞。

寬頻紋紅陶缽

三角紋彩陶罐

幾何紋彩陶盆

網紋盆（側視）

網紋盆（俯視）

第四章　浸染在原始藝術中的精神世界
第二節　繪畫

幾何形圖案花紋基本上是由圓點、三角形、線條（包括直線和斜線）以及波折紋組成。那些平平常常的圓點、三角形、線條，在半坡藝術家的手中經過變形、組合和排列，變成一個燦爛的彩陶世界。

波折紋彩陶細頸壺（俯視像一朵盛開的蓮花）

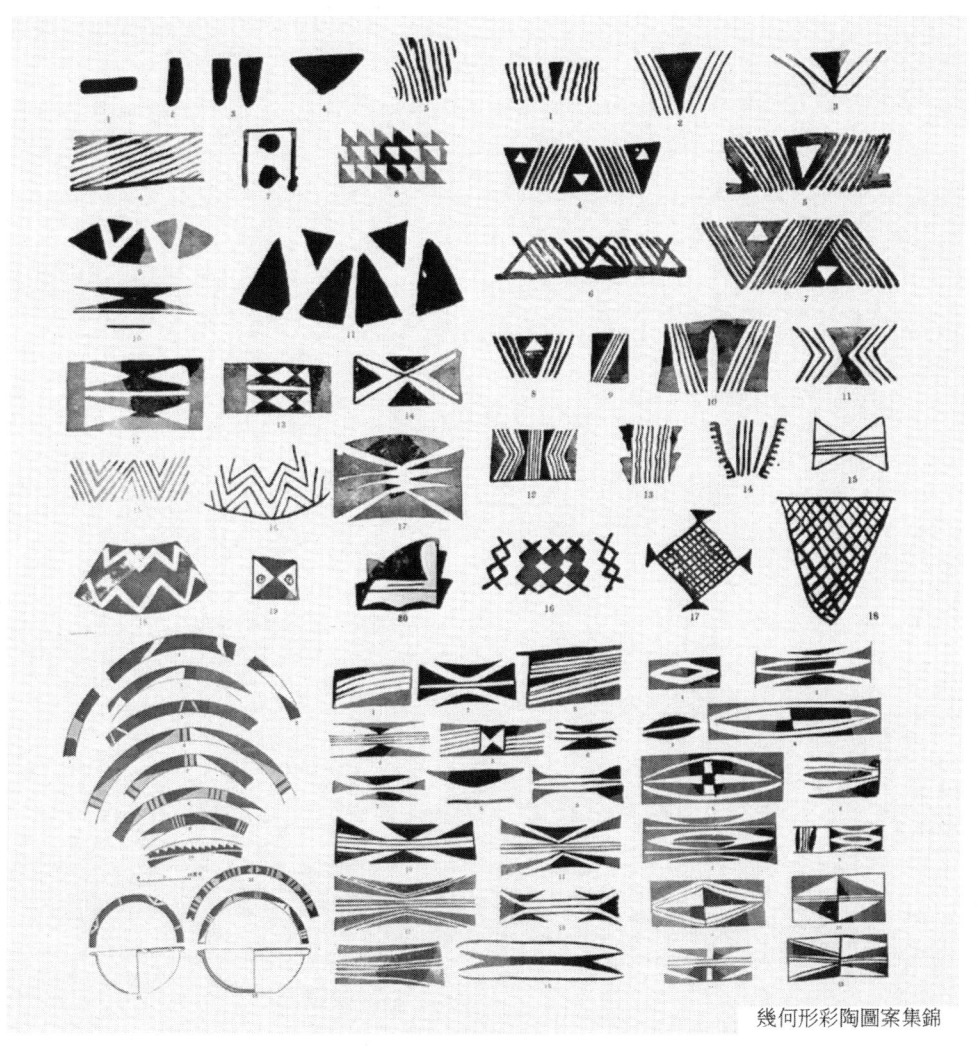

幾何形彩陶圖案集錦

沉睡六千年的半坡遺跡

　　以上對動植物形象花紋和幾何形圖案花紋的分析，著重點在於個體及個性特點，進一步研究這些花紋的相互組合關係，考古學家發現，上述兩類紋飾都是由幾個基本母題組合起來的。如動植物形象花紋是由人面、魚形、鹿和植物枝葉相互組合，幾何形圖案花紋是由三角折線紋、三角平線紋、三角波折紋、斜線交錯紋、分隔號三角紋和圓點勾葉紋等相互組合。

　　然而，不論是動植物形象花紋，還是幾何形圖案花紋，它們在器物上都是作為完整的一組紋飾存在的。換句話說，紋飾的組合是經過精心設計的，表達了一定的審美傾向。

　　這種組合的方式有 4 種形式。

　　第一種是對稱組合。這是半坡彩陶紋飾組合的基本形式，既有不同母題花紋的對稱組合，也有同一母題花紋的對稱組合。

　　不同母題花紋的對稱組合一般情況下是用 4 個或 8 個個體花紋組合成對稱的形式，間距大體相等。人面網紋盆就是用人面和魚形花紋相互間隔組成。同時可以看到，這件彩陶盆口沿的幾何形裝飾紋飾也是對稱的。

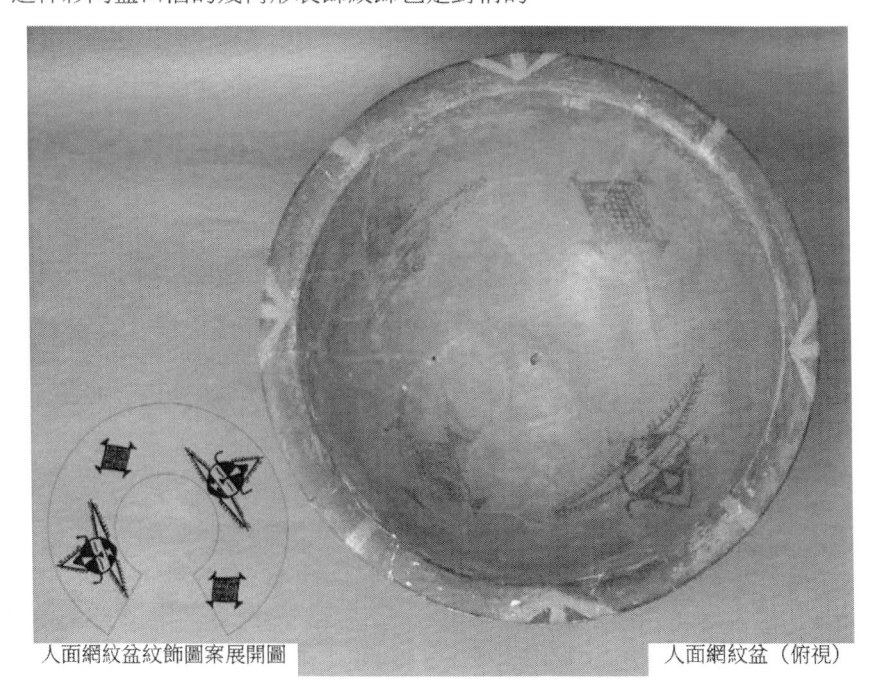

人面網紋盆紋飾圖案展開圖　　　　　　　　人面網紋盆（俯視）

第四章　浸染在原始藝術中的精神世界
第二節　繪畫

　　同一母題花紋的對稱組合方式與不同母題花紋的對稱組合相同，只是母題相同而已。鹿紋盆就是鹿紋相互間隔組成。注意，這件彩陶盆口沿的幾何形裝飾紋飾也是對稱的，和上述人面網紋盆略有區別的是，鹿紋盆露底分隔號紋是四道，而人面網紋盆只有一道。這種細微的差別究竟意味著什麼，目前尚無定論。

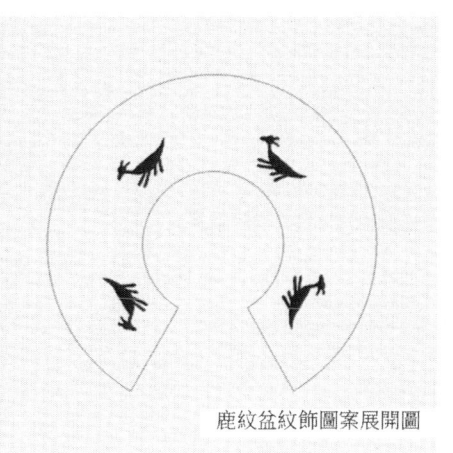

鹿紋盆　　　　　　　　　　　　　　　　　　　鹿紋盆紋飾圖案展開圖

　　第二種是不對稱組合，其特點是不論同一母題還是不同母題的花紋都由單數組成且不相對稱。這種組合在半坡遺址中發現較少。

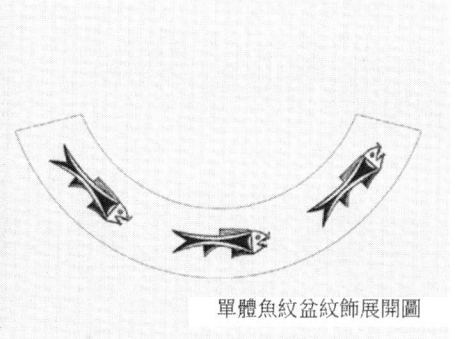

單體魚紋盆　　　　　　　　　　　　　　　　　單體魚紋盆紋飾展開圖

　　這件魚紋盆上的紋飾由三條相同的魚紋組合而成，這種組合在半坡遺址中是孤例，但是對魚的傳神描繪使畫面充滿動感。

沉睡六千年的半坡遺跡

三角紋陶缽

水波紋壺

　　第三種是同一母題組成一條帶狀花紋，環繞器壁。這種花紋以三角斜線紋和三角折波紋最為典型，其特點是母題花紋可以無限延長。

第四章　浸染在原始藝術中的精神世界
第二節　繪畫

　　第四種是不同母題的兩種花紋相互連接起來合成一組花紋，其特徵是以橫的花紋為主飾，而以簡單的豎的花紋作為副飾，插在兩個主飾之間。

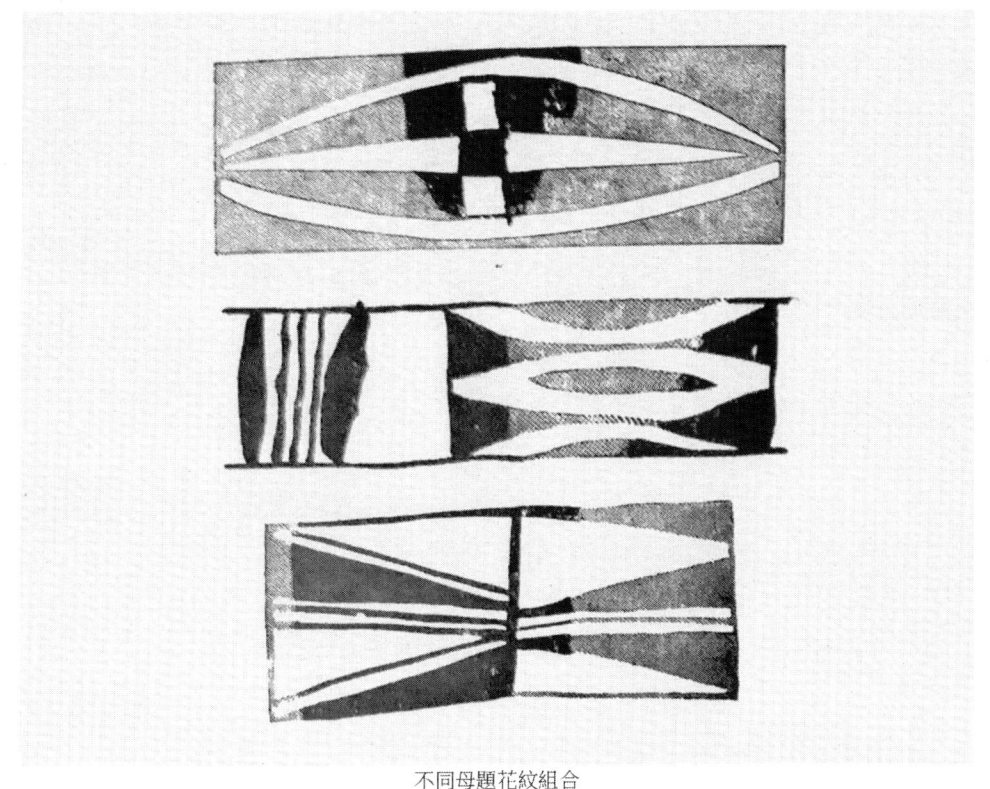

不同母題花紋組合

（三）魚紋與三角形的「血緣關係」
——魚紋如何演變為幾何圖案

　　在對半坡遺址出土的大量彩陶花紋進行深入研究後，考古學家為我們提供了一系列花紋演變推測圖。

　　最初的研究只是想總結陶器紋飾出現的規律，通過考古學所特有的文化層位的

113

沉睡六千年的半坡遺跡

統計，考古學家對幾種重要和有代表性的花紋進行了梳理，得出了這樣幾個結果：繪在陶缽口沿的寬帶花紋，在半坡遺址的早晚期都很盛行，但以早期為多，幾何形圖案花紋以晚期為多；最具代表性的三角形與平行線、斜線組成的幾何形紋飾，以及由凹邊三角、弧線和半月形、菱形花紋組成的幾何形紋飾，在晚期非常盛行，數量超過早期近一倍；單體魚紋早晚期均有，但早期的魚紋較生動，晚期則以複體魚紋和複合魚紋為多……

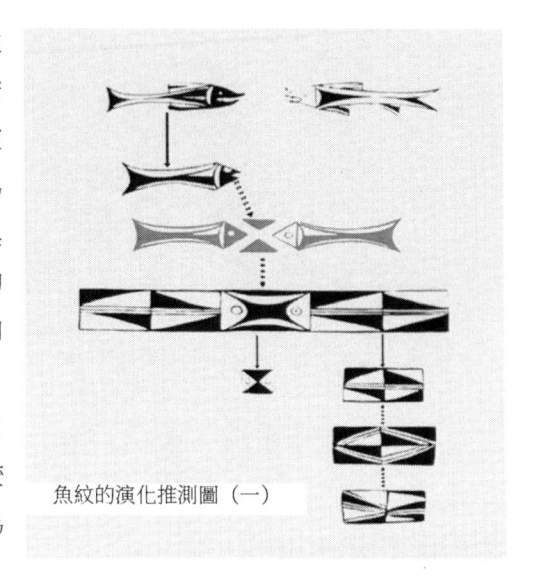

魚紋的演化推測圖（一）

考古學家認為，這些現象說明了半坡彩陶花紋的演變與時間的關係，有些是由簡而繁，有些則是由繁而簡，也有些是繁簡同時存在。由此推知，當時的彩繪花紋一部分是寫實的，一部分則是在觀察周圍事物的過程中加以概括而抽象化了的。

進一步研究後，考古學家發現在半坡彩陶紋飾中，自始至終引人注目的三角形及線紋組成的幾何形花紋和動物圖案花紋中的魚紋竟有著密切的關係。從遺址出土的大部分標本中，有足夠的線索可以說明，幾何形圖案花紋是由魚形圖案演變而來。

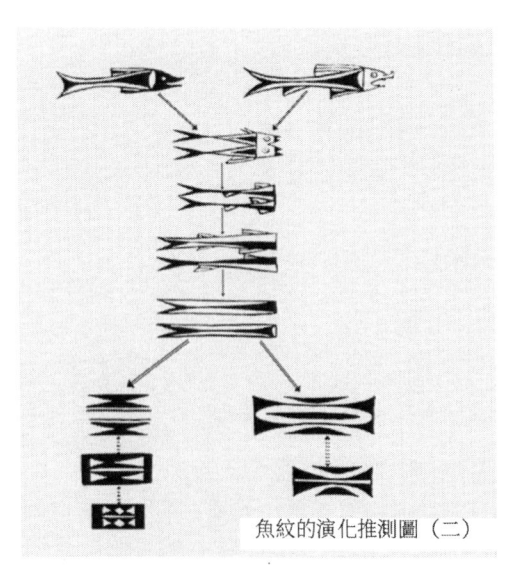

魚紋演化的第一種推測是由單體魚紋到複合魚紋，再到無頭的複體魚紋，又經過後來的漸次演變，形成典型的幾何形圖案花紋，而這時已經完全失去了魚紋的原形。

魚紋的演化推測圖（二）

魚紋演化的第二種推測是和前一種壓疊組合演化的推測不同，這一路線的

第四章　浸染在原始藝術中的精神世界
第二節　繪畫

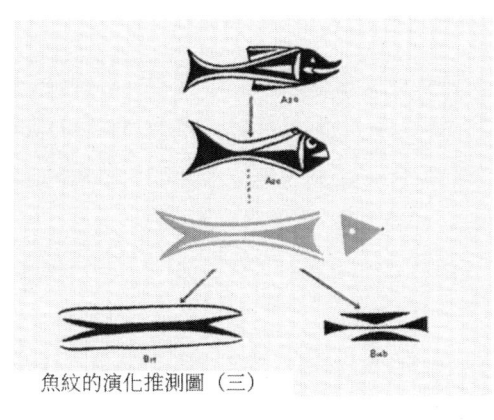

演變是兩種魚紋經過相對組合演變而成的。當魚的形象圖案化之後，又分成魚頭與魚身兩個發展方向，兩種花紋各有不同變形：兩魚頭相合後幾乎成一長方形或正方形，中間以兩條對角線分作四個黑紅相間的全等或相似的三角形，在三角形中以黑點或圓點象徵魚的眼睛；魚身則全部圖案化。

魚紋的演化推測圖（三）

在魚紋演化的第三種推測中，可以清晰地看到幾何形花紋與魚紋的演變關係。當然，以上推測，有些有明顯的跡象，有些則屬於假設。這些推測並不一定有著必然的演化關係，但是這種演化的存在，特別是演化中存在著相互之間的影響應該是合乎邏輯的。

（四）什麼山上唱什麼歌
——彩陶花紋與陶器器形的關係

解釋一切文化現象，將出土文物所包含的全部資訊一一揭示出來，是考古學的責任所在，對於還沒有文字記載的史前考古來說就更是如此了。也許正是由於這樣的責任感的驅使，考古學家並沒有忽略彩陶花紋與陶器器形的關係這個問題。

一番統計和梳理之後，考古學家發現彩陶花紋與器形以及紋飾所在的部位都有一定的規律性。這說明，當時的藝術家在繪畫之前是對器物形體、紋飾部

波折紋彩陶細頸壺（俯視）

沉睡六千年的半坡遺跡

位和如何佈局等做了縝密考慮才動手的。

同一種類的花紋幾乎都裝飾在同一類型的器物的特定部位。如寬頻紋絕大多數都位於陶缽的口沿，個別飾於陶盆的口沿；斜線和三角形相互交錯而成發的紋均飾於陶缽口沿外邊，少數飾於陶盆上；三角形與波折紋組成的花紋全部飾於小口細頸壺上；魚紋則多飾於陶盆的肩部。

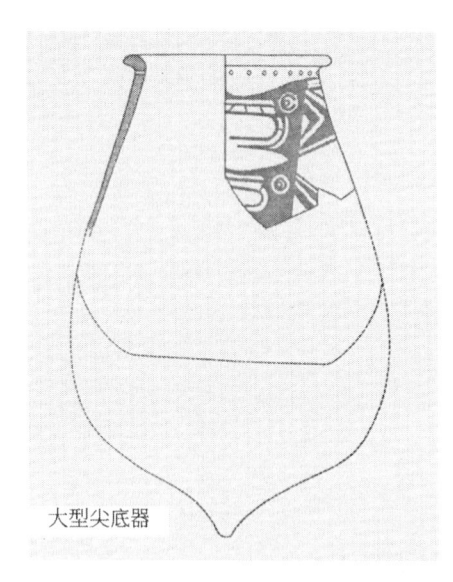

讓器物看上去很美，應該是這些做法的內在原因。這些彩陶花紋多數位於器物的外表，且都偏向器物的上部，那麼不論器物內是否盛放物品，這些部位都不會被遮擋。

還有一個更有說服力的例子，波折紋彩陶細頸壺俯視看去竟然像一朵盛開的蓮花。這種波折紋就只繪在這種小口細頸壺上，究其原因，大概與其器型較小，且口部收縮，腹部外鼓，使用過程中看不見壺內之物，卻能夠看到其俯視效果有關。

半坡彩陶花紋還有一個特點，就是不論題材如何，均呈現一條帶形，並環繞器壁。就半坡已經發現的彩繪裝飾陶器盆、缽、壺、罐等來看，著彩部位都在折腹、腹部最大直徑以上的鼓肩或鼓腹的部分，這些部位都較狹窄，最適合用帶狀花紋。這些應該是半坡藝術家在長期的藝術實踐中總結出來而又行之有效的經驗。當然，一旦條件允許，半坡藝術家也不會放過在大型器物上一展身手的機會，前面提到的四魚相疊的紋飾，就有可能是繪製在一個大型陶罐或大型尖底器的腹部。

大型尖底器

第四章 浸染在原始藝術中的精神世界
第二節 繪畫

（五）仰觀宇宙之大
——半坡藝術家畫筆下的魚神

好了，現在我們來說一說半坡文化最神祕的圖案——人面魚紋。魚在半坡人心中的地位已如上述，但是，當魚和人的形象相遇時，魚的意義更顯示出其難以捉摸的一面。今天看來，這個紋飾顯得有些古怪。當然，想要弄清楚這略顯古怪、無處不透著神祕氣息的圖案，最好的辦法是設法進入原始先民的精神世界，試著用原始的思維方式來關照。然而問題是，今天的人們已很難進入原始先民的思維，儘管研究者們都聲稱正在進行這種努力。於是，迄今為止對這種紋飾的理解和解讀出現了見仁見智的數十種說法。

1. 驚豔出世——人面魚紋的發現

人面魚紋在半坡遺址共出土了7個標本，由於兩件完整器物上各有一個樣式完全相同的標本，所以，實際上共有5個式樣的人面魚紋。只有一例繪在陶盆的外部，其餘全部繪於陶盆內壁。

人面魚紋盆

5個式樣的人面魚紋圖案均有細微的差別，同時共同點是非常明顯的，那就是雖然形象接近圖案化，但人面的基本形象還保留著。圓圓的臉上眉、眼、鼻、口等五官俱全，耳際懸停的小魚或彎曲上翹的小鉤，頭頂和口角裝飾的小魚或象徵魚的交叉斜線，還有額頭或三角或鐮刀形的留白，都給後人留下了無盡的未解之謎。

人面魚紋盆

人面魚紋圖案線圖

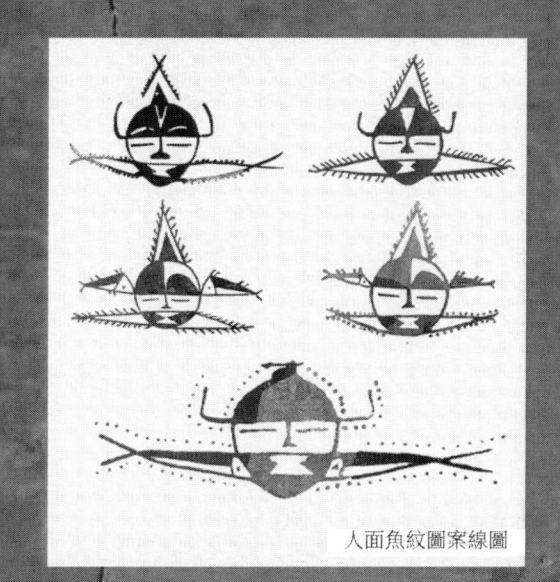

人面魚紋（特寫）

沉睡六千年的半坡遺跡

繼續給人面魚紋增添神祕色彩的是出土的地點。兩件繪有最完整人面魚紋花紋的陶盆均出土於埋葬小孩屍骨的甕棺葬。另外幾件標本殘破不全，來自於採集和出土於房屋遺跡中，也就是說，這幾件標本發現時已經和原來使用狀態相去很遠了。換句話說，從使用這個角度，能提供的資訊已經不多了。這引發了下面我們將要談到的學者們對這一圖案的見仁見智的觀點。

人面魚紋盆出土時狀況

2. 並不孤單——人面魚紋在相關遺址的出土情況

在介紹人面魚紋的研究狀況前，介紹一下相關遺址出土的人面魚紋的情況，可以加深我們對這一文化現象的印象及理解。

事實上，在半坡遺址周圍與其大體處於同一時期的史前文化遺址中，出土了不少同類圖案。這些遺址既包括東去只有 20 餘公里的西安市臨潼姜寨遺址，也包括西去 170 餘公里的寶雞北首嶺遺址，甚至遠在秦嶺以南的漢江流域的西鄉縣何家灣也出土了類似的標本。

臨潼姜寨出土人面魚紋標本　　寶雞市北首嶺出土人面魚紋標本　　漢中西鄉縣何家灣出土人面魚紋標本

3. 諸說紛紜——人面魚紋的研究

人面魚紋圖案奇特的構圖和神祕的內涵，使之甫一出土就引起了考古學家的關注。隨後，藝術史家、人類學家、民族學家、神話研究家紛紛加入進來，使這一研

第四章　浸染在原始藝術中的精神世界
第二節　繪畫

究課題呈現出蔚為壯觀之勢。

（1）圖騰說

半坡遺址發掘者石興邦先生首倡此說，他在《西安半坡》考古發掘報告中寫道：半坡彩陶上的魚紋，可能就是半坡圖騰崇拜的徽號。特別是右圖這個人面魚紋，「似有『寓人與魚』或者『魚生人』，或者是『人頭魚』的含義，可以作為圖騰崇拜物件來解釋」。

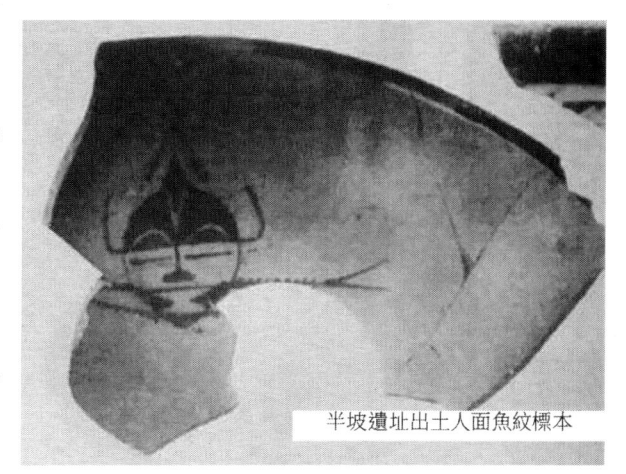

半坡遺址出土人面魚紋標本

《山海經》中的人面魚身像

後來有研究者將人面魚紋與《山海經》中的記載聯繫起來，進而發展了圖騰說。楊東晨在《半坡氏族考源》中指出：半坡類型仰韶文化「人面魚紋」圖案與《山海經》中氐部落的圖騰相吻合。

《古本山海經圖說·海內南經》云：「氐人國在建木西，其為人，人面而魚身，無足。」

（2）月亮崇拜說

曾經在西安半坡博物館有過多年工作經歷的劉夫德認為，仰韶文化陶器上的魚紋和人面魚紋都是圖騰的標誌……魚紋在當時是有所象徵的，它所象徵的就是中國歷史上華族的總標誌——月亮。而人面魚紋就是月亮的生動意象性摹寫。

（3）太陽神崇拜說

蔣書慶認為，半坡彩陶上的人面紋構成很複雜，一個普遍現象是半坡彩陶的人面紋總與三角紋密切相關……半坡彩陶人面紋頂部嘴角兩側的三角紋上綴上以小芒刺，像火光散射的樣子。這些光芒散射的紋飾，在圓形的人面紋周圍，正是太陽十分形象的象徵。

月亮崇拜說和太陽神崇拜說可以說是圖騰說的具體化。

沉睡六千年的半坡遺跡

(4) 文身說

劉敦願認為，人面額部與頜部繪的紋樣，是一種文身習俗的表現。持相同看法的還有沈之瑜，他說：「人面紋，它不僅生動地描繪了臉部五官，而且反映了當時人們喜愛黥面文身的習俗。」

半坡遺址出土人面魚紋標本

也有專家指出此說的不足：黥面之說尚可講通，文身習俗尚欠證據。此說只言及了人面本身的習俗，對人面頭戴飾物、兩耳貫魚、口中含魚並未觸及。

(5) 裝飾圖像說

此說認為，人面魚紋圖像可能是氏族部落舉行宗教祭祀活動時氏族成員裝飾的圖像，頭頂上戴有非刺狀的尖狀物，與當代尚存的一些氏族部落在舉行典慶祭祀活動時頭戴盛飾的帽子、滿身繪刺圖騰物以及其他花紋的情景相彷彿。

(6) 巫術活動面具說

朱狄將人面魚紋與《原始藝術》一書中收錄的假面進行了比較，認為兩者在結構上有極大的相似之處，人面紋之所以要和魚接合在一起，無非是祈求捕魚豐收之意。朱先生又引用法國學者列維·布留爾在《原始思維》中的「在以保證捕魚成功的舞蹈中，面具是呈魚形狀的」來加以佐證。

(7) 神話說

神話說是朱狄先生對人面魚紋的另一種推測。這種觀點形成的依據是該種紋飾出土地點相隔較遠，而出土的紋飾竟驚人地相似，這一定和當時流傳甚廣的某種神話傳說或巫術儀式有關。

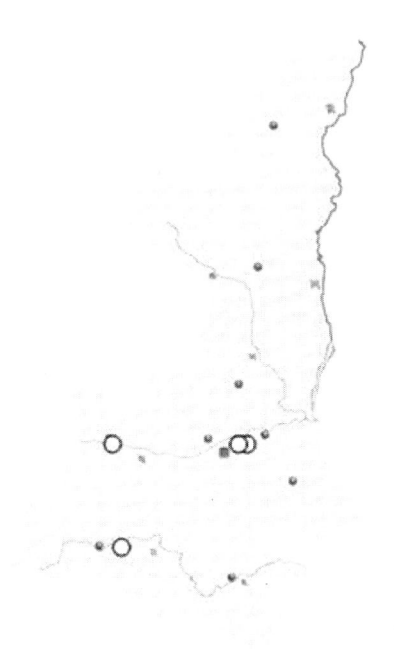

人面魚紋出土地點分佈圖

第四章　浸染在原始藝術中的精神世界
第二節　繪畫

（8）祖先形象說

張廣立認為，魚圖騰在半坡時代已經度過了全盛期，開始衰落了，在早些時候，半坡人可能就以為自己的祖先是具有半人半魚的形象，半坡彩陶上的人面魚紋其圖騰意義已不那麼鮮明，它可能已變成一個人格化的獨立神靈——魚神。

不同意這一觀點的專家認為，此解釋沒有解釋人面魚紋與漁網共存的現象，單從神話祖先角度是無法弄清楚人面魚紋內涵的。

（9）原始信仰說

谷聞在研究中提出，彩陶盆裡對應的兩條遊魚和簪著雙魚的人頭像及兩張展開的漁網，是不是意味著某種原始信仰，祈求魚兒常常被網獲呢？這一說法也被稱為期望捕魚豐收說。

（10）摸魚圖像說

對人面網紋盆上的紋飾，馬寶光是這樣解釋的，人面像兩側的兩個角狀物是羊角帽……再看整個畫面，兩張漁網於兩邊分別張開，兩個人全身沒入水中，只剩下頭和肩膀留在水外，由於手腳的部分在水下看不清，所以省而不畫。兩人採取兩邊對擠圍摸，促使魚向網內逃，由於摸魚人全部注意力在水下，所以下意識地雙目微合。

（11）權力象徵說

王大有認為，中國仰韶文化中的北首嶺、半坡、姜寨圖騰祖先的「角」和尖椎形「帽」，最初都是魚飾，後演化為象徵權力的角和帽……王先生還認為，古印第安人把角看得那麼重要，究其原委，當是他們保持了來自遠古部族圖騰的古風，特別是距今七八千年仰韶文化的古風。

（12）原始曆法說

有為數不少的天文曆法研究者認為人面魚紋和太陽曆有關。錢志強認為，半坡人面魚紋陶盆口沿露底線紋作對稱連接，則構成甲骨文、金文中的「甲」、「癸」二字，代表十干，同時口沿露底線紋的四方八位式分佈也可能與表示四時八節有關。

（13）圖案化福字說

葉復山認為，仰韶文化中的人面可分為基本頭面單純型和基本頭面連接魚的複合型。而複合型人面諸形各個組成部分，儘管圖形不一，但總的來說，其含義表意

沉睡六千年的半坡遺跡

大抵都是「酒」與魚（間有粟）的結合，藉以表意有酒有魚（肉）間有粟便是福。因此，人面魚紋是中國早期表意福的圖畫文字。

（14）飛頭顱精靈說

蕭兵認為，半坡人面魚紋每個人面都有觸目的開口，這是靈魂的進出口，人面是飛頭顱，飛頭顱的精靈從進出口先期飛出去尋找獵物，而人頭及兩耳共有三個長著短齊羽毛的「銳三角」可能是翅膀的變形，而不是什麼裝飾品或帽子。半坡人面「以耳為翼」，表示其頭能飛。頭或精靈飛出去，分明是尋找並驅趕更多的魚兒入網，以保證豐收，所以要把飛頭和漁網畫在一個陶盆裡，珥魚或銜魚則表示「飛頭」有本領控制魚類。

（15）生命之神象徵說

靳之林認為，雙魚人面陶盆是一組崇拜生命之神、祈求子孫繁衍和生產豐收的巫術器物，是現今民間原始藝術遺存中的「陰陽魚」、「八卦魚」、「雙魚娃娃」、「龍的傳人」、「二龍戲珠」的藝術原型。雙魚中間的人面，是雙魚相交產生新的生命——生命之神的象徵。

（16）女陰象徵說

楊堃認為，母系氏族社會的圖騰均是女性生殖器的象徵。從原始社會人口生產高出生率、高死亡率、極低增長率的角度出發，趙國華認為原始人類只能以增加出生率求得和擴大人類自身的再生產，這種迫切的需要導致了原始人類產生了熾熱的生殖崇拜。魚紋就是女陰的象徵，半坡彩陶則是祈求人口繁盛的血祭的祭器。

（17）原始嬰兒出生圖說

李荊林認為人面魚紋不同凡響，非一般的紋飾，是一幅「原始嬰兒出生圖」，是中國也是世界上最早的「嬰兒出生圖」。圖案正中的圓形人面是嬰兒剛剛露出頭時的狀況，半坡人面魚紋更近寫實，因為嬰兒出生時一般是閉目的，所以兩眼用一字橫線表示，雖然姜寨遺址的人面是睜眼的，但不管是睜眼還是閉眼，兩幅圖都是胎兒生產圖。

（18）巫師「作法」說

孫作雲認為，人頭紋就是巫，代表氏族中的巫師，即民俗學上所謂薩滿。他解釋說，此人頭像皆帶角，表示他的身份與眾不同；此人頭像的前額塗黑，並有彎曲

第四章　浸染在原始藝術中的精神世界
第二節　繪畫

空白，整個臉的形狀是「陰陽臉」，表示故作神祕，令人莫測高深，或以此表現「陰陽」，有巫術的用意。又此人閉目食魚，表示他正在「作法」，使魚自動來投，人就能多捕魚。

（19）生死輪迴說

歷史學院考古系楊玥認為，這種紋飾代表著一種生死輪迴觀念，魚作為生死輪迴的媒介，引導靈魂重生。上古傳說中顓頊、後稷化身為魚，死而復生的故事，為魚作為生死輪迴的媒介的觀點提供了文獻資料的支援。

陸思賢也認為，魚在半坡人看來有「生死輪迴」的作用，後稷在古史中是周民族的先祖，正是活動於渭水流域的先民們的子孫後裔，其身為「半魚」，則與半坡彩陶器上所畫人面魚紋相同。

（20）家園說——生死輪迴說的新解釋

烏瓊認為，人面魚紋多繪製於作為甕棺棺蓋的陶盆內壁，說明圖案並非是為生者而作，而是便於死者觀賞。在甕棺的形制中，倒扣的陶盆相當於墓室的穹頂，人面魚紋作為最早的穹頂畫或墓葬壁畫，在甕棺葬中起著生死轉化的功能。

這裡所說的轉生並非「招魂說」中所認為的使死者重返人間，而是具有明顯的象徵性，象徵著死者由此生到達彼岸，然後永遠居住於甕棺這一死後家園中。

（21）母愛說

付維鴿認為，人面魚紋體現的是母愛主題。人面魚紋整體圖案呈兩兩相對狀，兩個人面相對而繪，兩人面紋之間左右兩側都繪出頭向相反的兩條魚紋，正好形成了一個可以迴圈的圓。圖中，魚嘴先對著孩子的耳朵和口部吸取和引導孩子的靈魂，而後經過人面紋兩旁大魚的傳遞，逐漸盤旋上升游向盆底，同時藉助新月賜予孩子靈魂「新生」的動力，穿過盆底部的小孔來到母親身旁，表達的是在母系氏族公社下，母親對孩子的關愛之情，即世界上最偉大最永恆的主題——母愛。

（22）童趣說

相較於稍顯複雜的關係分析，浙江樹人大學藝術學院林濤的看法很單純。在他看來，人面魚紋盆上人與魚所表現的關係相當單純、質樸。其中，人面並不是在巫術禮儀的原始宗教籠罩之下，戴著面具擔任著溝通人與神靈之間工作的巫師，而是一個少年。一個在玩水，在和魚嬉戲，在把頭伸入水裡享受小魚的「親吻」的快樂

沉睡六千年的半坡遺跡

少年的寫照。在已發現的多個人面（魚紋盆）中，大多數為閉目陶醉狀，似乎很享受的樣子。這是對一種審美體驗的傳達，是一幅美好情境的描繪，是建立在「童趣」之上的，「單純」而且美好的原始審美活動。

（23）審美意識說

華中師範大學美術學院鞏娜娜、辛藝華以仰韶文化中的半坡彩陶魚紋為研究物件，應用構成學原理剖析彩陶魚紋的發展演變規律，分析其形式語言特徵。

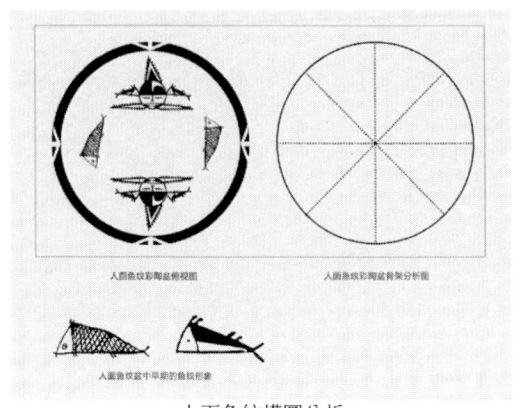

人面魚紋構圖分析

彩陶最初的構成方式是以內壁和口沿的八個單獨紋樣為骨架，以「米字格」作基地分割了整個器形。人面魚紋和魚紋兩組圖案兩兩相對，旋轉對稱的畫面，在造型、色彩、紋樣方面都有獨到之處。

（24）宇宙觀說

錢志強將人面魚紋的圖案視作旋轉的形象。結合眾多考古資料，他得出結論：黃河彩陶的圓形體及上面的分割符號大約是黃河流域人們用來象徵天地萬物的觀念和內容的。也就是說，這種圓及割圓符號，是當時人們用來表示天地萬物及其變化觀念的。

（25）「黑衣壯」之祖說

伍弱文發現，半坡人面魚紋與「黑衣壯」所佩戴的奇特雙魚對吻飾品，二者之間似乎有著某種聯繫。他認為人面魚紋盆裡的魚圖案，是藝術化了的雙魚項圈、雙魚耳環和立魚頭飾（即「黑衣壯」所佩戴的飾物）。半坡人面魚紋盆上的人像簡直就是一個現代「黑衣壯」女性的翻版。

神祕的「黑衣壯」

第四章　浸染在原始藝術中的精神世界
第三節　雕塑

第三節
雕塑

　　以人類本身作為審美物件,將人的形象以各種造型藝術的形式加以表現,幾乎是史前時期世界各民族的共同愛好。在前面的敘述中,我們已經領略了半坡人在彩繪陶器上對人的面部及五官形象的描繪功力,而在雕塑方面,半坡的藝術家也不是沒有任何作為。

(一) 人頭塑像

　　人頭塑像質地為細泥灰陶,人面略呈方形扁平狀,高 4.6 公分,額寬 3.3 公分,連耳寬 6 公分,用貼塑的方法塑出了耳、目、口、鼻,口部已脫落。目、耳以錐刺成洞,鼻子高大,鼻脊中間壓有一道凹痕,耳部穿刺兩孔,當為繫耳墜的象徵。由頭至頸串通一孔,由此推斷這個塑像應該是插在某種物品上的附飾品,也有可能是玩具之類。

人頭塑像

(二)　　陶塑動物形象

　　在史前時期,無論是作為狩獵對象還是飼養物件,動物都與原始人類的生活關係密切,因此雕塑作品關注動物是很自然的事。在半坡遺址出土的動物陶塑中,鳥的造型較多,計出土陶塑 5 件,其中 3 件

鳥頭陶塑

127

沉睡六千年的半坡遺跡

為鳥的造型，均為陶器器蓋上的鈕，其中一件伸頭扭頸，用錐刺紋表示了眼與羽毛的紋飾。利用鳥頭細長的特點，將其作為蓋鈕塑於器物之上，很方便地完成了其使用功能。造型之時，固化了鳥驚鴻一瞥的神態，體現了半坡藝術家敏銳的觀察力和嫻熟的藝術駕馭力。

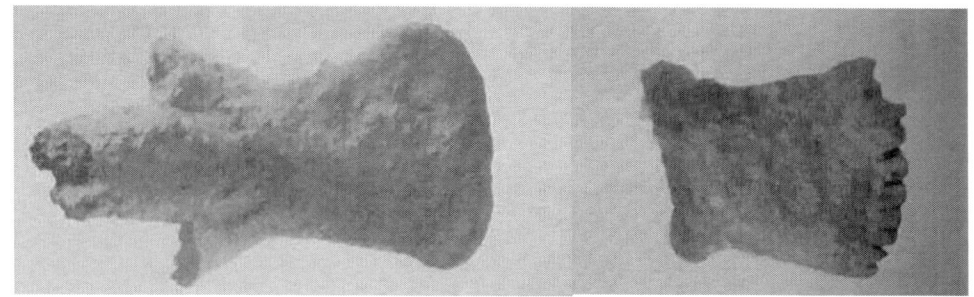

陶鳥尾部的殘塊

有兩件陶鳥尾部的殘塊，其尾羽特徵也表現得生動明顯。

還有一件獸形雕塑，形狀為正視佇立狀，保存完整，頭類獸，而尾似鳥。

在關於雕塑的話題結束時，我們應該想到一個問題：魚是半坡人非常熟悉的，也是與其生產和生活關係密切的動物，在彩陶繪畫中曾經對其不惜筆墨，為何在陶塑作品中卻見不到魚的影子？

獸形雕塑

第四章　浸染在原始藝術中的精神世界
第四節　配飾

第四節
配飾

半坡遺址共出土了281枚骨針，最長的約16公分，最短的2.5公分，直徑最小的不足2毫米，針孔約0.5毫米。數量如此之多的骨針，加之本書前面已經提到的陶器底部留下的布紋，我們可以肯定：半坡時代的人們已經用質地細密的布料為自己量身定做衣服了。時代稍晚於半坡遺址的青海省大通縣上孫家寨遺址出土的舞蹈紋彩陶盆，提供了真實的關於衣服的形象資料：彩陶盆內壁繪有十五個跳舞的原始人形象，五人為一組，手拉著手，面向一致，頭上有髮辮狀飾物，穿著長及膝部的「連衣裙」，身下還有飄動的飾物，像是裙擺。

和衣服實物的缺乏不同，半坡遺址出土的裝飾品不僅數量大，而且製作精緻，計有9類，

美術史學家筆下的半坡汲水姑娘正款款走來

青海省大通縣上孫家寨遺址出土的舞蹈紋彩陶盆

1900多件。以材料質地來分，有石、陶、牙、蚌、玉、介殼等；以形狀來分，有環飾、璜飾、珠飾、墜飾、方形飾、片狀飾、管狀飾等；以功能來分，有髮飾、耳飾、頸飾、手飾和腰飾等。

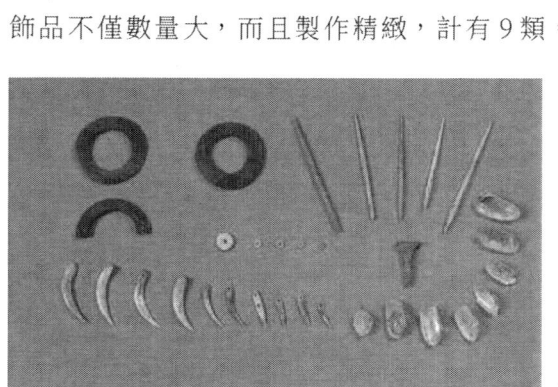

半坡遺址出土的各式陶環（配飾）

沉睡六千年的半坡遺跡

第五節
陶哨

音樂對人類社會的重要性是始終被重視的。古代中國自有文字記載以來，就將音樂視為治國理政的重要舉措。儒家要求學生掌握的六種基本才能——六藝，包括禮、樂、射、御、書、數，「樂」的地位僅次於「禮」。在上古時期，對音樂尤其重視，各代都有有代表性的樂曲，如最早的禮儀性樂舞《雲門大卷》，堯時的《咸池》，舜時的《大韶》，禹時的《大夏》，商時的《大濩》，周時的《大武》。傳說，孔子在齊國聽到了舜時的樂曲《大韶》，稱其樂舞盡善盡美，因此而三月不知肉味。

想來這種讓孔夫子如醉如癡的音樂不會憑空而來，在此之前的原始社會一定有其淵源。或者說，雖然由於時代的久遠，史前時期的音樂和舞蹈都沒法記錄下來，但是樂器總會留下一些的吧！

史前考古果然不負眾望：在半坡遺址就出土了兩個保存完整的陶製的口哨（或稱作陶塤），其中一件上下貫穿一孔，另一件只一端有孔。發掘之初，由於尚無專業音樂史學家的介入，考古發掘報告中只能用「吹起來吱吱有聲」來描述這兩件樂器發出的聲音。

1978 年，有專業人士對半坡出土陶哨進行了正式測試。1987 年 9 月，又再次對其進行測定，此次測定結果是：用全開、全閉兩種按孔法變換角度吹奏，可以輕而易舉地吹出 4 個不同頻率的樂音，音色圓潤透明，在同期塤類樂器中尚不多見。研究者最後感嘆道，距今五六千年前的關中平原已經不是我們過去所認為的那樣，它的音樂不是多麼簡單、原始，而是已經相當複雜、多樣，它的成就在當時世界上是尖端的。

陶哨

第四章　浸染在原始藝術中的精神世界
第六節　天書——無法識讀的刻畫符號

半坡遺址出土陶哨測音結果

項目　　　　　　器名出土號	相當於平均律音名	頻率 HZ	音分值 ceut	演奏法
P.4737 半坡一音孔塤（哨）	E5+60	682.50	6460	全閉控制音
	F5+9	748.15	6619	全　　閉
	A5-17	871.40	6883	全開控制音
	A5+38	899.53	6938	全　　開

半坡遺址出土陶哨與姜寨遺址陶塤測音對比分析

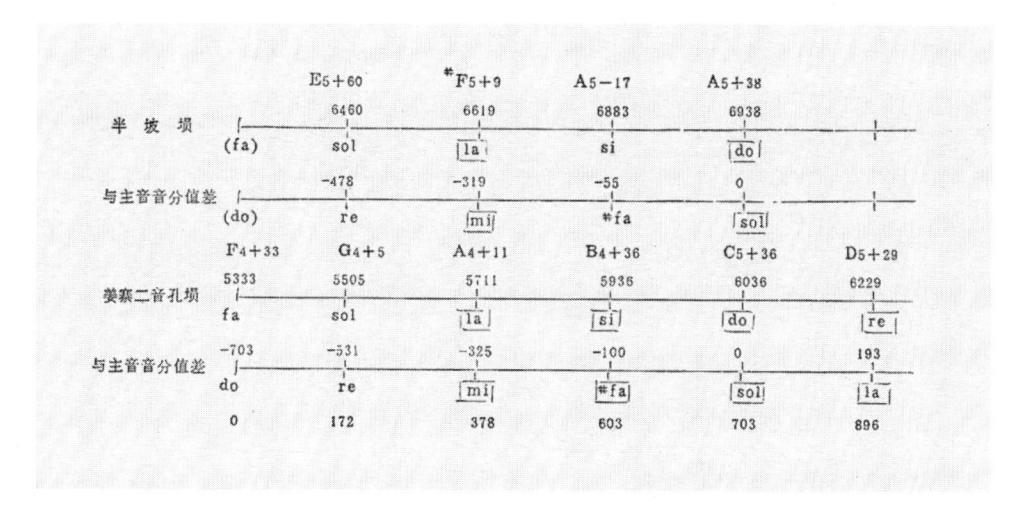

第六節　天書
——無法識讀的刻畫符號

　　在文字發明之前，遠古先民是如何記事的？古代的典籍都用「結繩記事」、「契木為文」來表述，但這些說法畢竟太籠統了，對後來者來說要一窺先民的記憶庫實

沉睡六千年的半坡遺跡

在是太難了。直到在半坡遺址彩陶上發現了一些刻畫符號，這些神祕的符號似乎讓我們看到了曙光。

（一）前所未有的發現
——半坡遺址刻畫符號的出土情況

半坡遺址共發現了113件刻畫符號標本，整理歸類之後共得22種。絕大多數刻畫符號是刻畫在這種陶缽的黑寬頻紋上，少數刻畫在陶缽的垂三角紋上。

刻畫符號彩陶缽

第四章　浸染在原始藝術中的精神世界
第六節　天書——無法識讀的刻畫符號

第一種形狀為一豎劃。這種符號一般都是垂直端正，是最簡單也是發現最多的一種，共計 65 件。

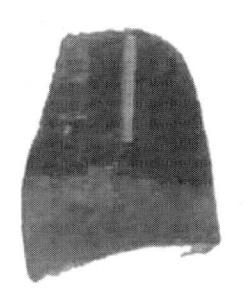

第二種形狀為兩豎劃，共 4 件。這種符號為兩豎劃並列，刻劃的粗細、間距都不均勻。

第三種形狀為一橫一豎的「T」字形。這種符號兩劃相互垂直。共 4 件，其中一件的橫劃向下彎曲。

第四種形狀為垂鉤狀，共 3 件。

第五種形狀為倒鉤狀，共 6 件，其中鉤向左側和右側的各 3 件。鉤的尖端有鈍的，也有尖銳的，長短大小不一。

第六種形狀為樹杈狀，共 2 件，單叉和雙叉各 1 件。

沉睡六千年的半坡遺跡

第七種形狀為左右雙鉤狀。這種符號呈箭頭的形狀,共 2 件。

第八種形狀為「十」字形,共 3 件。

第九種形狀為斜叉狀,共 4 件。

第十種形狀為「Z」字形,共 10 件。這種符號由左起刻畫的有 4 件,由右起刻畫的有 6 件。

以上為刻畫比較簡單、有重複品的 10 種刻畫符號,此外,遺址中還發現了刻畫比較複雜、僅有孤例的 12 種刻畫符號。

第四章　浸染在原始藝術中的精神世界
第六節　天書——無法識讀的刻畫符號

　　第十一種形狀為一豎劃，左側有三道斜短劃。

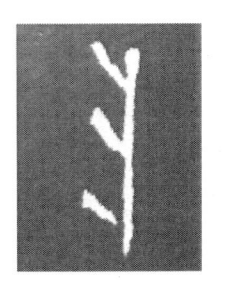

　　第十二種形狀為一豎劃，右側有三道斜短劃。

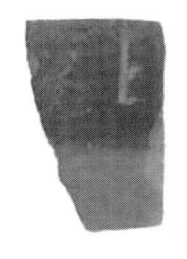

　　第十三種形狀為一豎劃，左側有四道斜短劃。

　　第十四種形狀為一豎劃，右側有四道斜短劃。

　　第十五種形狀為五道互相平行的橫劃由中間的一豎劃串連。

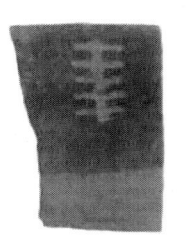

　　第十六種形狀為「K」字形。

　　第十七種形狀為前後位置倒換的圓括弧形。

　　第十八種形狀為倒寫的「A」字形。

沉睡六千年的半坡遺跡

第十九種形狀為兩條直線斜交成「V」字形，中間夾一個斜十字。

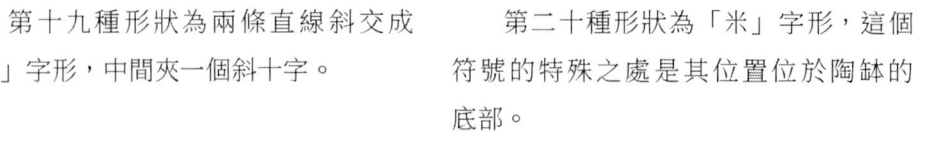

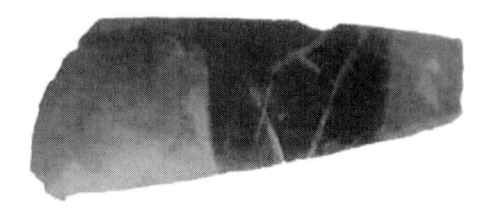

第二十種形狀為「米」字形，這個符號的特殊之處是其位置位於陶缽的底部。

第二十一種為殘存的刻畫符號，形狀像左側縮進的校對符號。

第二十二種為殘存的刻畫符號，形狀呈「L」狀。

第四章　浸染在原始藝術中的精神世界
第六節　天書──無法識讀的刻畫符號

（二）謎團
──刻畫符號的最初解讀

在半坡刻畫符號出土的年代，同類的遺址和出土物不多，所以最初的解讀只能就刻畫符號本身能夠提供的資訊來進行。

考古學家推測，這些符號可能是代表器物所有者或製造者的專門符號，其所有者可能是氏族、家庭，也可能是個人。這樣的推斷所基於的事實是，考古學家發現相同的符號往往出在同一窖穴或同一區域。如數量最多的第一種一豎劃的刻畫符號，大部分集中出於6個地點，基本上是相連的一個區域，面積也不過100多平方米。另外，「Z」字形的符號的出土地點也相對集中。

考慮到刻畫符號的位置大部分均位於陶缽口沿的黑寬頻紋上，其位置非常醒目，且此類陶缽是日常生活中大量使用的器物，將符號刻在這個位置以便於辨識，這樣的推測是很有道理的。

用指甲挖刮的符號　　　　　　燒製後刻畫的符號

但是，另一方面的證據似乎又不太支持這一推測。仔細觀察這些刻畫符號的痕跡和特點，很容易看出，這些符號的刻畫時間是有區別的：有的是陶器未燒之前就

沉睡六千年的半坡遺跡

刻好的,有的則是在陶器燒成後或者使用一個時期後才刻畫的。於燒製前刻畫的符號比較規整,深度和寬度均勻劃一。所用的工具大體上是竹、木或骨質的平刃小刮刀,甚至還有用指甲挖刮的。於燒制後刻畫的符號刻畫不太規則,深度不一,符號的邊緣有細的、破碎的痕跡,大概是用比較尖利的工具刻成。如此,陶器的所有者是在燒製之前就確定了的,還是在燒製之後才能確定?或者使用一段時間後所有者發生變化?那麼變化之前的標誌卻又了無蹤跡。種種謎團,難解難分。

(三) 文字的先聲?
——刻畫符號研究的新進展

在半坡刻畫符號出土的 1950 年代,同類的遺址及刻畫符號的發現很少,這大大限制了其研究的深度。但刻畫符號的發現也並非孤例,在陝西省長安市靈台和合陽莘野村就出土過與半坡刻畫符號相似的符號。石興邦先生據此推斷,刻畫符號是仰紹文化中相當普遍的一種特徵,它們可能代表相同的意義。

1960 年,郭沫若先生考察半坡遺址後,曾留下一首詩:「彩陶形制美,畫紋亦多殊。或則呈人面,或則呈雙魚。農耕既普及,人群已聚居。護壕深二丈,其廣亦相如。奈何遺址中,獨不見文書。」詩中表達了在半坡遺址中見不到文書——文字的遺憾。1972 年,郭沫若在《古代文字之辯證的發展》一文中,開始從文字起源的角度研究半坡刻畫符號,認為半坡刻畫符號「無疑是具有文字性質的符號」「可以肯定地說是中國文字的起源,或是中國原始文字的孑遺」。

1973 年,著名的古文字學家於省吾先生在《關於古代文字研究的若干問題》的文章中,也認為半坡刻畫符號是文字起源階段所產生的一種簡單文字。

周建人先生更直接了當地說:「半坡村已有文字,都寫在陶器上……」有的學者更將半坡出土的刻畫符號與商周的甲骨文聯繫起來,認為兩者之間有一定的關係,且大多可以釋讀。陳煒湛和王志俊經過研究,得出的結論是:這些符號,正是中國

第四章　浸染在原始藝術中的精神世界
第六節　天書——無法識讀的刻畫符號

文字的原始形態或原始階段,比甲骨文更古老得多,是中國文字的起源。刻符已屬文字,它是古漢字的起源,已有了基本固定的形、音、義,和商周甲骨文、金文屬一個系統,即象形文字系統。

　　當然,不同的觀點也是存在的。古文字學家裘錫圭先生認為:「半坡遺址發現的刻在陶器上的記號,不是任意的刻劃,而是具有一定意義的記號。」嚴汝嫻將半坡刻畫符號與普米族的刻畫符號進行對比後,認為「是一種特定的記事符號,尚不是文字」。汪寧生認為,半坡陶缽口沿上的幾何形符號,是製造者或使用者所作的標記,半坡幾何形符號像其他原始記事方法一樣,對後世文字有一定影響,但本身絕不是文字,只是為標明個人所有權或製作的某些需要而隨意刻畫的,當時人們並未賦於其一定的含義,今天自無從解釋。

　　對半坡刻畫符號的研究還在繼續,相信隨著更多同類遺址和更多刻畫符號的出土,必將為這個千古謎團的破解帶來機會。

沉睡六千年的半坡遺跡

第五章 魂離奇破——半坡人的死亡觀

沉睡六千年的半坡遺跡

靈魂能夠離開肉體而獨立存在，這種信仰在世界各地都有，中國也不例外。古人說：「人之精氣曰魂，形體謂之魄，合陰陽二氣而生也。」按照這種理論，古代人將生命看作兩部分，一部分是身體——肉身，另一部分是氣——靈魂。肉體和靈魂是可以分離的，原始人相信人死後，靈魂會離開肉體。換句話說，靈魂是不會死的。這種靈魂不死的觀念導致了另外一個世界——冥界的誕生，原始人相信在那裡氏族成員的生活還會繼續。於是，我們看到了新石器時代半坡人對待死亡的達觀態度，以及對逝去親人在另一個世界生活的關懷。

第一節　公共墓地
——氏族成員的終極歸宿地

半坡氏族已經有了非常講究的規劃意識，這種規劃意識不但表現在村落的佈局、日常生活的安排等方面，還表現在死後的埋葬制度上。

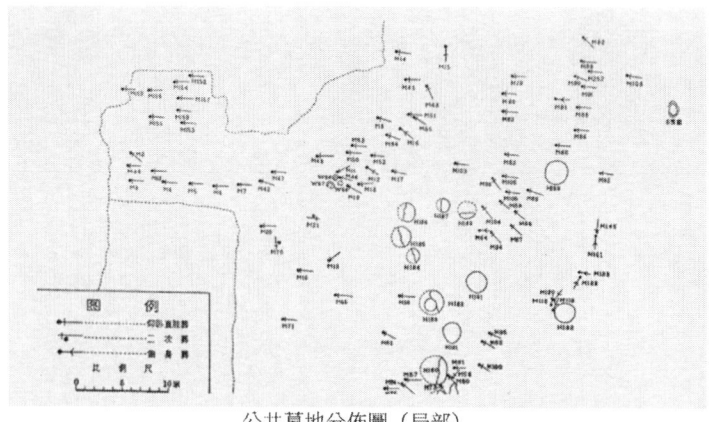

公共墓地分佈圖（局部）

在已經發掘的區域內，考古工作者共發現了 250 座墓葬，其中成人墓葬 174 座，小孩墓葬 76 座。這種比例明確地告訴我們一個事實：當時小孩的死亡率很高。成人

第五章 魂離奇破——半坡人的死亡觀
第二節 並不可怖的死亡 ——成年人的葬禮

與小孩死亡後是異地埋葬的，成年人大部分埋葬於村落北部大壕溝外的氏族公共墓地，只有個別埋在村落東部和東南部，而小孩墓則位於居住區內的房屋旁。

第二節　並不可怖的死亡
——成年人的葬禮

  在甲骨文中，「死」字寫作 ![] 或 ![]，一邊是人，一邊是「歺」(è)，殘骨，指人的形體與魂魄分離。「死」字的本義是「生命終止」的意思。羅振玉在《增訂殷墟書契考釋》中解釋說，這是像人跽形，生人拜於朽骨之旁。實際上是表達了一個莊嚴的祭祀儀式，慶祝死者的靈魂離去和轉生。這種對待死亡的態度至今還流行於民間的祭祀活動中，現在一些地區仍然流行的「哭喪歌」其實就是一種歌舞形式。如廣西壯族地區習慣請民間歌師來唱哭喪歌，兩位歌師扮成舅甥，一問一答，唱歌徹夜，讚頌祖先業績，勸導後輩不忘先輩的恩情。這種面對死亡的坦然和瀟脫，實際上是靈魂不死的原始思維的反映：在氏族成員眼裡，他們並沒有死亡，不過是到另一個世界以另一種方式重新開始生活而已。

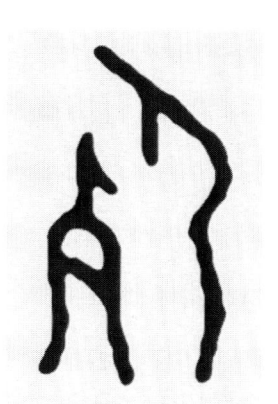

甲骨文的「死」字

第三節
埋葬方式的含義

　　成人墓葬的頭向絕大多數是向西的，這種現象並不是偶然的，極有可能和某種信仰有關。根據世界各地民族志的研究結果，在埋葬死者的方向問題上，有三種情況：第一種認為，人死後靈魂要回到氏族原來的老家去，因此，頭要朝著老家的方向。第二種認為，世界上有一個特殊的地方，人死後要到那裡去生活，因此，埋葬死者時頭就朝著這另一世界所在的方向。第三種認為，人從生到死和太陽東升西落一樣，人死後就隨著太陽落下，死者的頭必須向西，否則對其家人不吉利。半坡氏族埋葬死者時，除個別外，頭向一律向西，應該也不外這幾種情況，只是無法具體確定屬於哪一種。

仰身直肢葬

（一）面向和姿勢
——葬式的無言訴說

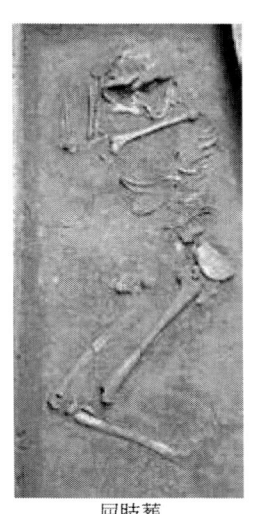

　　成年人的墓坑一般是挖一個凹槽，能容下屍體和隨葬品即可，並無棺具之類的葬具。葬式分為仰身直肢葬、俯身葬、屈肢葬和二次葬4種。
　　仰身直肢葬是最普遍的、數量最多的葬式，這種葬式一般面朝上，上肢骨和手骨垂直放在盆骨兩旁，下肢骨垂直併攏，呈現睡眠姿態，表示人死後仍然和活著時一樣在另一個世界生

屈肢葬

第五章　魂離奇破──半坡人的死亡觀
第三節　埋葬方式的含義

活，這種葬式的墓葬一般隨葬有生活用具和裝飾品。

俯身葬是一種特殊葬式，共發現15座。其葬式是直肢俯身，上肢垂直放於盆骨兩旁，都沒有隨葬品。根據民族志的研究，日本北海道對病死者、俄國時期西伯利亞對於異常死亡者會採取俯身葬的做法。目前，半坡氏族這種葬法的原因如何無法確定。但既然採取了與普遍方式不同的做法，無隨葬品，應該是有其特殊原因的。

俯身葬　　　　　二次葬

屈肢葬更特殊一些。一般下肢屈曲，有的下肢甚至被折斷，似掙扎後死亡。在已發現的4座屈肢葬中，只有一座有一件隨葬品。更奇怪的是有兩座墓葬的位置並不在公共墓地，而位於居住區的灰坑裡，顯然是棄葬於此，箇中緣由耐人尋味。

二次葬共4座，這種埋葬方法是在人死後先將屍體放在特定的地方，讓屍體腐爛，然後將骨骸收集起來另行埋葬。這種葬式的邏輯可能是，血肉是屬於人世間的，必需等肉身腐爛，才能正式埋葬，這時候死者才能進入靈魂世界。

（二）合葬的含義是什麼？

除了單人葬，半坡氏族公共墓地還發現了兩座合葬墓，一座是四人合葬，一座是二人合葬。僅有的兩座合葬墓均為同性合葬，四人合葬墓的墓主為四個年齡在十四五歲的女性，二人合葬墓的墓主為男性。合葬墓的死者排列都較為整齊，並且

沉睡六千年的半坡遺跡

每座墓都是一次葬，這說明死者是同時或在相距不遠的時間內死去的。有學者推論，這種現象可能是當時氏族部落中一種原始宗教意識的體現：同一氏族或家族中同年出生的兄弟或姊妹，他們既然同一年來到世間，那麼，他們也應當在同一年結伴回到

四人合葬墓　　　　　　　　　　　　二人合葬墓

陰間。一旦他們當中有人死去，其他的同齡夥伴便情願殉死，以達到同歸的目的。只是這種推論太可怕了。

更多的研究者將這種同性合葬的現象解釋為母系氏族部落族外婚的體現。

（三）割體葬儀
——匪夷所思的舉動

在半坡氏族墓葬中發現有斷肢和斷指現象，有的將小腿骨砍斷後再與大腿骨放在一起埋葬，有的則腿骨不全，更多的是一些骨架沒有手指，而在隨葬的陶器或填土中卻發現有零星的骨塊。

這種現象，可能是一種特殊的葬俗。摩爾根在《古代社會》中就提到印第安人的克洛部落有這種葬俗，他們把斷指視為對友人的一種報答行為，或者祭祀中的奉獻行為。

第五章 魂離奇破──半坡人的死亡觀
第三節 埋葬方式的含義

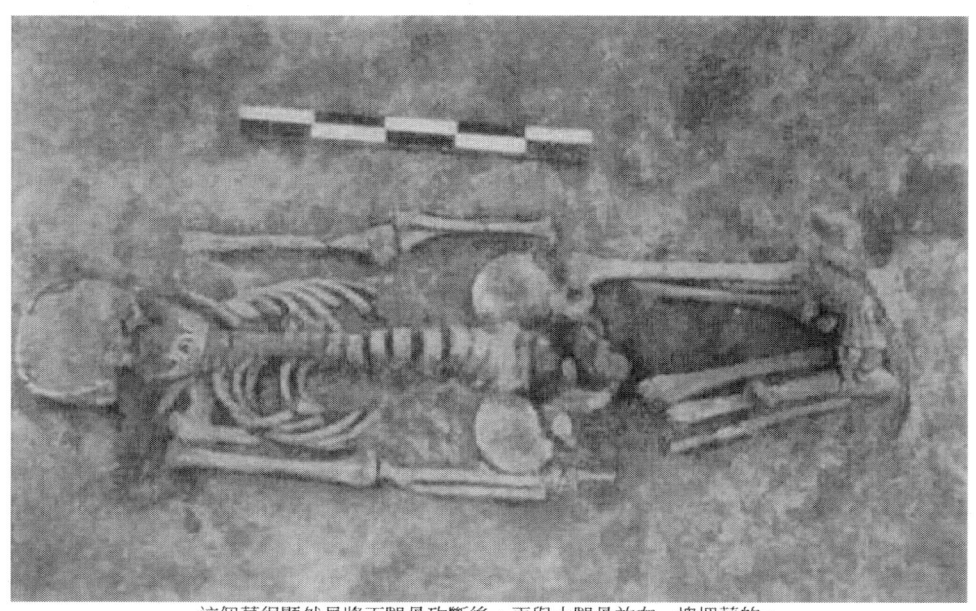

這個墓很顯然是將下腿骨砍斷後,再與大腿骨放在一塊埋葬的。

這個墓在距腿骨以上 0.2 米的填土中發現幾塊指骨。

第四節
隨葬品的數量、組合及其寓意

有隨葬品的墓葬都是仰身直肢葬，隨葬品以陶器為最多，裝飾品次之，只有極個別的工具隨葬現象。

隨葬品的數量不一，少的1件，多的有10件，一般以五六件最常見，似乎是在刻意表達氏族成員之間的平等地位。合葬墓的隨葬品較多，如四人合葬墓的隨葬品有17件，二人合葬墓的隨葬品有8件，但是平均下來，每人的數量也差不多。

仔細觀察之後，考古學家看出來一些門道，雖然隨葬品的組合方式多變，但基本的組合有下列幾種。

尖底瓶、陶罐、陶缽組合

葫蘆瓶、陶罐、陶罐組合

細頸瓶、陶罐、陶缽組合

尖底瓶、陶罐、陶缽、陶缽組合

第五章　魂離奇破——半坡人的死亡觀
第五節　神祕的凋謝 ——埋葬夭折小孩的甕棺葬

　　考古學家很快發現了這些組合所包含的意義，第一，隨葬的陶器是按生活實際需要來配置的，有水器、飲食器和儲藏器，這和生活區遺址中的器物是一樣的。第二，隨葬品大部分是生活實用器物，但已經出現了專門做隨葬用的明器，如尖底瓶普遍比生活區遺址中出土的實用的較小。第三，從器物的組合上，能看出其功用的異同：圜底的陶缽似乎作為器物蓋子使用的，蓋在粗陶罐上，因此，組合中有粗陶罐的，一定有圜底缽；尖底瓶是做水器的，長頸壺、葫蘆瓶等也是做水器的，所以，這幾種器物不重複出現，凡有尖底瓶的，沒有葫蘆瓶和長頸壺，反之亦然。

　　在隨葬品中還有一個值得注意的現象，即在一些水器如尖底瓶、長頸壺上，有一部分是故意將口部打破後才埋入的，這種現象應該不是隨意為之的。研究者在內蒙古自治區呼倫貝爾盟的達斡爾族中發現有這種現象：將死者裝殮入棺時，如若用食具（如碗之類）作隨葬品，一定將其摔碎後再放入棺內。因為在他們看來，陰間和陽間是相反的，只有將食具摔碎後隨葬，死者在陰間才能得到完整的用品。半坡氏族將尖底瓶的口部打破後隨葬是不是也具有同樣的含義，尚待更多材料證實。

口部被打破的尖底瓶

第五節　神祕的凋謝
——埋葬夭折小孩的甕棺葬

　　甕棺葬是以陶甕作葬具來掩埋未成年人屍骨的葬俗。

　　未成年人的死亡稱為「殤」。《說文解字》說：「殤，不成人也。」古代對「殤」有明確的規定，《儀禮·喪服傳》記載：「年十九至十六為長殤，十五至十二為中殤，

沉睡六千年的半坡遺跡

十一至八歲為下殤，不滿八歲以下為無服之殤。」這是進入文明社會後形成的禮制，半坡氏族可能並沒有那麼詳細的規定，甕棺葬內的小孩基本上屬於嬰幼兒。

埋葬未成年人的甕棺葬，大多數都位於居住區內。對這種現象最溫馨的解釋是母愛的體現，小孩死後，其親人不忍其遠離，埋在附近以便常常照拂。郭沫若先生在訪半坡遺址後有詩一首，詩中有「墓集居址旁，仿佛猶在懷」「可知愛子心，萬劫永不灰」的句子。

甕棺群

這種解釋或許有一定道理，因為甕棺中的屍骨除了極個別保存完整，以及一小部分只剩下頭殼和零星的肢骨外，都已經完全腐朽無存了。甕棺葬內的屍骨不易保存下來，最大的可能就是死者的年齡太小，骨質較軟。雖然牙齒是最不易腐爛的，但遺留下來的仍然很少，這可以間接說明死者是在尚未生出牙齒之前就死亡了，或者僅有不易保存的乳齒。對剛剛出世不久就夭折的嬰幼兒給予特別的呵護實乃人之常情。

● 延伸閱讀

《訪半坡遺址四首》其一

半坡小兒塚，甕棺盛屍骸。
甕蓋有圓孔，氣可通內外。
墓集居址旁，仿佛猶在懷。
大人則無棺，縱橫陳荒隈。
可知愛子心，萬劫永不灰。

但有的研究者提出了完全相反的觀點，認為用於甕棺葬葬具上的人面魚紋是半坡氏族之神──魚神。半坡人崇拜魚神，捕魚是半坡人除了農業生產之外重要的經濟手段之一。在他們看來，想要得到更多的魚，就得小心地伺候魚神，就得舉行獻祭活動。研究者認為，半坡氏族居民獻給魚神的就是他們生養的幼童，將自己幼小

第五章　魂離奇破──半坡人的死亡觀
第五節　神祕的凋謝──埋葬夭折小孩的甕棺葬

的生靈用作犧牲,這在史前時代被認為是天經地義的。在一些史前遺址裡就發現過祭奠在房基下、柱子下、火灶下,甚至壘砌在牆壁裡的孩子骨骸。世界上以孩童作為祭獻的民族也不乏其例,他們通常把當作犧牲的孩子以神格相待,然後處死。可以推想,半坡人為了氏族的生存,不惜殺死自己的孩子,獻給所崇拜的魚神。當祭儀完成,他們就將孩子裝在大陶甕裡,上面再蓋上一個繪有魚神的彩陶盆,然後埋葬在居所附近。在幾個遺址發現的這種完整的人面魚紋陶盆,不少都是覆蓋在兒童甕棺上,而沒有一例用作成人的隨葬品,這足以說明以上斷想的可信程度。

● **延伸閱讀**

靈魂出入的通道──甕棺蓋子上的小孔

考古學家發現,在絕大多數作為甕棺蓋子的陶缽或陶盆的底部都有一個小孔,這可能是當時靈魂觀念的體現,這些小孔有可能就是靈魂出入的通道。

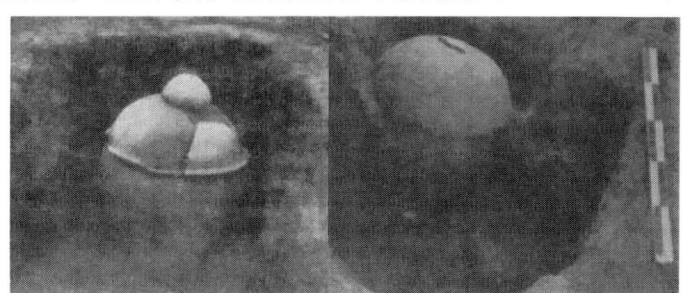

甕棺出土時的狀況

第六節
一個神祕的半坡小女孩

特殊情況總是有的。在遺址中發現的未成年人墓葬共 76 座,其中屬於甕棺葬的 73 座,只有 3 座不用甕棺。這 3 座未成年人墓葬中,有兩座無隨葬品,所以,除了

沉睡六千年的半坡遺跡

不用甕棺葬,看不出別的特殊之處。值得注意的是一座小女孩墓。

這座墓的墓主人是一個年約三四歲的女孩,屍骨保存完整,未經擾亂,其埋葬方式是按照成人處理的。在墓葬中,發現了清晰的用木板作為葬具的痕跡。和其他未成年人墓葬迥異的是,這座女孩墓不但有隨葬品,且種類和數量也較多,有陶器、石珠、石球、耳墜等4類,共79件。而且,在隨葬的陶缽內還有大量粟粒遺跡。這一切都在昭示一個事實:小女孩在氏族成員中有著顯赫的地位。有研究者認為,特殊女孩在未及成年的時候就已進入成人行列,並取得與成人同樣的待遇,其原因在於她們的母親生前有著優越的社會地位,而又對她們特別愛重。這些母親利用自己的地位,為女兒獲取成人之名分和權益。而這樣一來,那些獲得厚葬的特殊女孩就以此形式表露出她們從自己母親那裡繼承到比別人較多的東西,或者說這種對女孩的厚葬是母權制所實行的母女繼承制的體現。

小女孩墓

第六章 半坡人和半坡社會

沉睡六千年的半坡遺跡

通過以上各章的敘述,我們已經對半坡人在物質文化的驚人成就以及藝術方面的造詣有了大致的瞭解,現在該瞭解一下半坡文化的創造者——半坡人本身的基本情況,以及他們是在怎樣的社會制度下創造了這些至今依然熠熠閃光的史前文化。

第一節 祖先的形象
——半坡人的頭像復原

通過對半坡遺址發現的 61 具人骨的研究,體質人類學家得出的結論是,半坡人的總體特徵屬南方蒙古人種,與南亞人種有較密切的關係,具體地說就是與中國華南人的體質特徵較接近。乍聽起來,這一結論與我們習慣上的感覺和文化傳統上有些不一致。但考古學家並不懷疑這一結論的科學性。因為,華南人和華北人在骨骼特徵上差異很小,半坡人有些特點接近華南人,而另一些特點卻接近華北人。也就是說,半坡人和中國現代人的人種特徵基本上相同,但也確實存在著差異。形成這種差異的歷史原因可能有三種情況:第一種情況可能是中原地區的人種或者其中一支是從南方遷來的,後來與北方來的人混雜而發生變異,南方則很少受人種遷徙的波及,故仍保持原來的特徵;第二種情況可能是居住在中原的居民,在歷次民族遷徙時移到南方去,而留在中原的居民與遷來的北方人種相

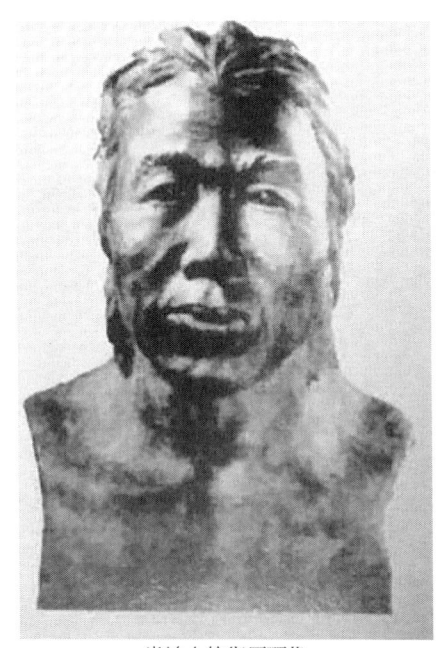

半坡人的復原頭像

第六章　半坡人和半坡社會
第一節　祖先的形象——半坡人的頭像復原

混，形成彼此的差異；第三種情況可能是黃河流域和華南原來的古代居民體質大致相同，而北方的原始居民在後來的民族融合中發生了變異，因而與南方的居民形成了差異。總之，就中國的歷史實際而言，這三種情況都是可能的。歷史上，人種的遷徙和混合是事實，由混合而發生體質的變化也是不可避免的。

在用於研究的 61 具人骨中，男性個體 51 具，女性個體 10 具。經過仔細研究，體質人類學提供了這樣幾個讓我們感興趣的數字：半坡人的顱骨多數屬於大頭型（腦容量 1450 毫升），少數屬於中頭型（腦容量 1350～1449 毫升）。經過對 6 個個體不同男性體骨的測量，其身長在 165.24～172.48 公分之間，平均身高為 169.45 公分。也就是說，半坡人男性身長為 170 公分左右，這個個頭與現代中原地區居民的一般身材差不多。

標本號	性別	所用材料及長度	所用公式	計算出的估計身長
M 133	男	左股骨(45.5)	2.15 Fem + 72.57	170.40
M 25	男	左股骨(46.1)左脛骨(37.6)	1.22 (Fem + Tib) + 70.37	172.48
M 17	男	左脛骨(38.0)	2.39 Tib + 81.45	172.27
M 3	男	左股骨(44.5)	2.15 Fem + 72.57	168.245
M 117	男	右股骨(43.1)	2.15 (Fem) + 72.57	165.24
M 137	男	左肱骨(31.6)	2.68 (Hum) + 83.19	167.88
平均				169.45

半坡人身長的測試資料（單位：公分）

第二節　母系氏族公社
——半坡人的社會組織

半坡人所處的時代屬於母系氏族公社的繁榮時期，這是考古學家對半坡人的社會結構和社會性質的認識。半坡人生活資料的來源，主要是由婦女擔任的原始的農業生產活動。當時的生產水準低，男子必須外出從事遊蕩不定的狩獵活動，婦女便在聚落周圍從事固定的農業生產勞動。除農耕外，與這種生產活動相聯繫的日常生

沉睡六千年的半坡遺跡

活事務，如料理家務、製作陶器和縫製衣服等工作，很自然地便都落在了婦女身上。此外，在一定季節來臨時還要出外採集。這些工作在大多數情況下都是由婦女擔任的。所以，全體氏族成員的生活材料絕大部分要依靠婦女的各種勞動。由於婦女為氏族集體的福利、利益付出這樣多而有價值的勞動，在經濟生活上起著重要作用，因而他們在社會上有較高的地位，受到人們的尊敬，這是母系氏族社會所能成立的社會經濟基礎。

當時，人們的婚姻關係是以對偶婚的形式出現的。對偶家庭是這一時期社會的基本構成單位，婦女固定在自己的氏族中，而丈夫隨妻子在一定時期內過婚姻生活。由於這種婚姻關係並不穩固，因而在以女子為主的經濟形態下，便由幾個對偶家庭形成以血緣紐帶為中心的共產制的氏族經濟單位，共同經營氏族生活。子女跟隨母親，一切照顧和教養的責任都落在母親的身上。因此，世系也只有從母親計算，這也是婦女在社會上受到尊敬的原因之一。

● 延伸閱讀

《莊子·盜蹠》

「神農之世，……民知其母，不知其父，與麋鹿共處，耕而食，織而衣，無有相害之心。」

（一）半坡人的鄰居們

在滻河和灞河流域，分佈著密集的新石器時代遺址，且往往對稱分佈於河的兩岸，因而半坡遺址的發掘者石興邦先生推測，在滻河兩岸每每有相對稱的兩個聚落相鄰而居，彼此間很像是對稱外婚的氏族集團。

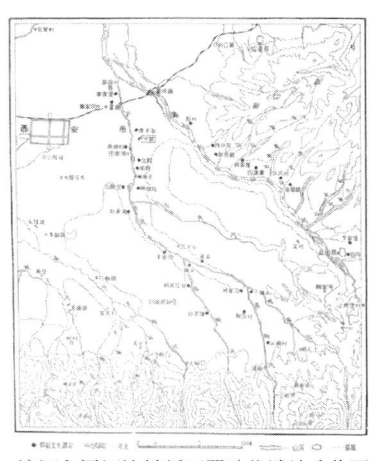

滻河和灞河流域新石器時代遺址分佈圖

第六章　半坡人和半坡社會
第二節　母系氏族公社——半坡人的社會組織

（二）房子裡住的是什麼人？住多少人？

比起「房子是什麼樣的造型」這樣的問題，「房子裡曾經住著怎樣的人，他們的社會身份、角色如何」可能更能激起我們的好奇心。這是因為，前一個問題屬於技術層面的問題，相對來說要簡單一些，而後一個問題屬於社會學範疇的問題，相對來說就要複雜得多。按照考古學家的分析，半坡時代的房屋應該是典型的對偶家庭的居所，以母親為主，加上未成年的兒女和外族來的丈夫，一家大概有四五個人。

在埋葬的習俗上，明顯地可以看出這種對偶家庭的痕跡。遺址中發現的兩個年齡相仿的男子和四個年齡相仿的女子分別合葬在一起，很典型地體現了母系氏族社會的特點。因為在母系氏族社會中，同一氏族的成員死後埋在一起，父與子、妻與夫不屬同一氏族，因而不葬在一起，而母子、兄弟、姊妹死後則可以埋在一起。這兩座合葬墓，可能就是兄弟姊妹（可以是廣義的兄弟姊妹）的合葬。由於婦女在社會上受到尊敬，因而她們生前或死後均受優待，遺址中特殊女孩墓隨葬品數量之多，可以間接說明這一點。

（三）村裡有多少人？

要估計半坡氏族公社的人口有多少，只能依據現有的資料，如當時房屋的數量和大小，以及生產力水準和物質生活水準等因素，進行一些推測。半坡氏族聚落居住區的總面積約 30000 平方公尺，在已經發掘的 6600 平方公尺（約占 1／5）

範圍內，發現同時期存在的房屋遺跡約 30 座，如果將未發掘部分也按照這種密度計算，且均為同時居住的話，便有約 200 多座房子。以每個房屋平均面積 20 平方公尺，能住 2～4 人計算，應有 200～800 人，平均應有五六百人。在史前時期，這是一個不小的群體。

沉睡六千年的半坡遺跡

第三節　祭祀
——讓祈禱的聲音直達天庭

　　母系氏族社會都具有完備的圖騰制度，半坡氏族也不例外。半坡彩陶上無所不在的魚紋以及鹿紋等，尤其是神祕的人面魚紋，極有可能就是半坡人的圖騰崇拜物件。這一點，在以前一直只是推測，但進入新世紀，一個新的發現讓人們對這樣的認識深信不疑。

　　2002年，為配合半坡遺址保護大廳的重建，考古學家對擴建部分進行了小規模的發掘，又在村莊內的中心地帶發現了祭祀遺跡：一個約80公分高的石柱，至今屹立不倒。在石柱的北面，發現了4個陶器坑。

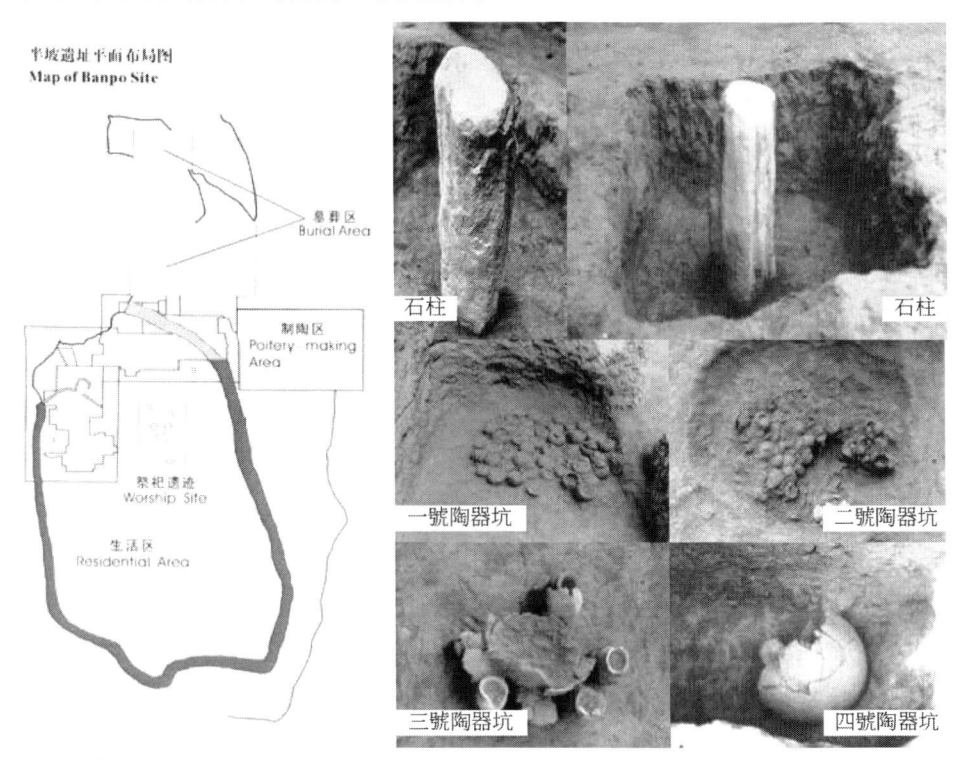

第六章　半坡人和半坡社會

第四節　由魚到鳥——文化形態的巨大變化

在這一重要遺跡被發現之前，考古學家對半坡遺址內涵的認識是：這是一座由生活區、製陶區和墓葬區組成的村落遺址。

那麼，考古學家是依據什麼判斷這些遺跡和祭祀相關呢？首先，遺跡所在的位置非常特殊。從半坡遺址平面佈局圖可以看出，這些遺跡處於已經發掘和已探明、未發掘遺址的中心位置，顯示了這些遺跡的重要性。其次，是遺跡本身的特點。遺跡所在的區域，沒有房屋、窖穴等生活遺跡，且不論是石柱還是陶器坑出土的陶器都呈現了一個共同特徵，即非實用性。非實用，卻佔據村莊的中心位置，只能是用來敬奉神靈或祖先的祭祀設施。再次，從這些遺跡的分佈及相互關係，也能夠推導出同樣的結論：石柱的中心位置和陶器群的從屬關係十分明顯。更令人匪夷所思的是，在這些遺跡的周邊還分別發現了成年人墓葬。雖然，因為沒有全面發掘而不能確定這些墓葬和石柱、陶器群是不是處在同一個文化層位，而不能完全作出這些成年人墓葬是祭祀遺址的組成部分，但成年人墓葬脫離氏族公共墓地而在村莊中心出現，已經足以讓考古學家浮想聯翩。最後，祭祀活動是原始文化共性特徵，對半坡遺址來說，發現祭祀遺址，是這一共性文化特徵的體現。既在意料之外，也在情理之中。

第四節　由魚到鳥
——文化形態的巨大變化

「半坡人去哪裡啦？」看到這裡，有人可能會迫不及待地問這個問題。

要說清這個問題，不得不介紹一些考古學知識。根據已有的考古學測年資料，半坡人在這裡生活了900多年，在這900多年的時間中，半坡人的生活狀態並不是一成不變的，雖然不像後來的朝代更迭那樣，但是不同階段還是有著不同的文化特點的。

沉睡六千年的半坡遺跡

那麼，沒有文字記載，如何來區分這些特點呢？考古學家發明了考古地層學和考古類型學的方法。簡單地說，考古地層學就是根據文化堆積的不同土色及包含物分層進行挖掘和研究，考古類型學就是依據器物形態的變化進行分析研究。

在這些考古學理論指導下，考古學家將半坡遺址的文化內涵分為四個時期，即半坡類型、史家類型、廟底溝類型、西王村類型，其中最具代表性的是半坡類型和廟底溝類型。

而對於這兩種文化類型的關係，考古學家們卻聚訟紛紜。有的認為，廟底溝類型是半坡類型的自然演變。有的認為，廟底溝類型是外來文化戰勝了半坡類型，並最終取而代之了。有學者更將廟底溝類型文化覆蓋半坡類型文化形象地比作一場魚鳥大戰，並最終以鳥取代魚而告終。事有湊巧，1978年在河南省臨汝縣閻村發現了一件鸛魚石斧紋彩陶缸，這件陶器上繪有一幅鸛魚石斧圖，有研究者認為這幅圖描述了鳥圖騰部落戰勝魚圖騰部落的歷史事件。目前學術界的研究還在繼續，或許正是如此，半坡遺址才愈發顯現出其永久的魅力。

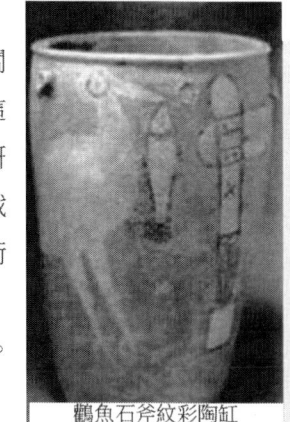

鸛魚石斧紋彩陶缸

鸛魚石斧紋彩陶缸圖案

沉睡六千年的半坡遺跡

作　　者：張禮智 著	
發 行 人：黃振庭	
出 版 者：崧燁文化事業有限公司	
發 行 者：崧燁文化事業有限公司	
E-mail：sonbookservice@gmail.com	
粉 絲 頁：https://www.facebook.com/sonbookss/	
網　　址：https://sonbook.net/	
地　　址：台北市中正區重慶南路一段六十一號八樓 815 室	

Rm. 815, 8F., No.61, Sec. 1, Chongqing S. Rd., Zhongzheng Dist., Taipei City 100, Taiwan (R.O.C)

電　　話：(02)2370-3310
傳　　真：(02) 2388-1990

總 經 銷：紅螞蟻圖書有限公司
地　　址：台北市內湖區舊宗路二段 121 巷 19 號
電　　話：02-2795-3656
傳　　真：02-2795-4100

印　　刷：京峯彩色印刷有限公司（京峰數位）

國家圖書館出版品預行編目資料

沉睡六千年的半坡遺跡 / 張禮智著. -- 第一版. -- 臺北市：崧燁文化，2020.08
　面；　公分
POD 版
ISBN 978-986-516-446-1(平裝)
1. 半坡遺址 2. 史前文化
799.84　109011810

官網

臉書

─ **版權聲明** ─────────────

本書版權為九州出版社所有授權崧博出版事業有限公司獨家發行電子書及繁體書繁體字版。若有其他相關權利及授權需求請與本公司聯繫。

定　　價：350 元
發行日期：2020 年 8 月第一版
◎本書以 POD 印製

第七章　何以半坡 ——一座原始村落被發現、發掘和傳承的價值
第四節　傳承——作為博物館的半坡

沉睡六千年的半坡遺跡

（三）史前工廠
——豐富多彩的教育活動

　　遺址時代的遙遠造成的陌生感，催生了實驗考古的誕生，而西安半坡博物館在這方面進行了最早的探索。從1960年代的石斧製作、骨針的磨製及穿孔、陶器的燒造，到80年代的房屋搭建、尖底瓶汲水，再到90年代觀眾參與體驗項目——半坡母系氏族村的開放，西安半坡博物館進行了堅持不懈的努力。進入21世紀，在新博物館學思想的指導下，西安半坡博物館打造了更具考古實驗特點的項目——史前工廠和原始部落快樂行等極具參與性的教育專案，吸引著越來越多的訪者。

第七章　何以半坡——一座原始村落被發現、發掘和傳承的價值
第四節　傳承——作為博物館的半坡

（二）現場陳列
——史前遺址博物館陳列體系的創建

　　作為中國第一個史前遺址博物館，一切業務工作的開展都是具有開創性意義的。難能可貴的是，西安半坡博物館的從業者們始終以探索為己任，在實踐中不斷完善陳列內容和方法，創建了遺址原狀陳列、出土文物陳列、模擬復原陳列和形式多樣專題展覽的陳列體系，成為史前遺址博物館陳列之圭臬。

出土文物陳列室

遺址大廳內景

模擬復原的方形半地下房子

「世界原始部落風情實錄」專題展

沉睡六千年的半坡遺跡

措,「半坡博物館……在新石器時代農耕部落遺址上面建一罩屋作為主廳,這一點是劃時代的」。蘇東海先生則從專業的角度進行了評價,「西安半坡博物館就是在向科學進軍的這樣一個高起點上建立和發展起來的。當60年代西方博物館界還在爭論遺址能不能進入博物館行列時,當1962年12月聯合國教科文組織在巴黎通過的《關於景觀和遺址的風貌與特性的建議》中,才開始建議對遺址和景觀『應考慮建立專門博物館』的時候,中國的半坡遺址博物館早已把博物館建築矗立在遺址之上了」。

那時沒有任何一個國家像半坡遺址博物館那樣,建造這麼宏偉的大廳把部落遺址科學地涵蓋起來,從而開創了把博物館與遺址環境融為一體之先河。半坡遺址博物館用事實回答了把博物館建在遺址上的種種疑問。半坡遺址博物館的實踐,從高起點上把傳統博物館的保護、科研、展示的基本職能與「物加環境」的新思維出色地統一起來了。

遺址保護大廳

第七章　何以半坡──一座原始村落被發現、發掘和傳承的價值
第四節　傳承──作為博物館的半坡

● **知識連結**

《西安半坡村訪古》四首

（一）
半坡村是原人居，彩陶紛陳世所稀！
絕無甲骨方塊字，七千年前往可稽。
（二）
細孔骨針誠巧矣，魚鉤倒刺不奇歟？
甕棺嬰兒骸骨在，後人何事疑唐虞？
（三）
學者羞稱五帝德，縉紳先生每難言。
洪荒野蠻成已往，後啟文明莫忘前。
（四）
學人聚訟華夏史，半坡鐵證說自存。
不應拒絕有外鑠，齊向大同說文明。

（一）劃時代的舉措
──就地保護遺址

對於考古學家來說，遺址發掘結束之後，將遺址全部回填是再正常不過的事情了。或許他們也曾經奢想過保留一個遺址，使人們在欣賞精美文物時也能到其出土地感受一番、憑弔一番，但也只能是奢想而已。然而，190 年代的中國卻使這種期望有了變為現實的可能。

20 多年後，日本博物館學研究者小川光暘這樣評價半坡遺址的保護舉

2006 年重建後的遺址保護大廳

沉睡六千年的半坡遺跡

4．大型考古遺址保護與展示典範

在遺址發掘現場建立博物館，大面積保護重要遺跡，將考古成果直接展示給公眾，收到了很好的社會效果。半坡遺址博物館是遺址類博物館的領頭羊，後來正是在這個樣板的啟示下，又陸續建成了許多遺址博物館，還有一些大遺址公園。

5．考古育人典範

許多著名學者都是從半坡走出來的，如俞偉超、張忠培、楊建芳、黃展岳等老一輩學者，先後參與半坡發掘的有200多位專業人員，他們都接受了半坡的洗禮，心中都有半坡的位置。半坡考古成就了許多考古人，他們在談論半坡中成長，成名成家，成就學業，也將半坡典範推向更廣泛的實踐。半坡典範，是史前考古典範，是中國考古學60年前的重要創獲。

1961年半坡遺址被國務院公布為全國重點文物保護單位

第四節　傳承
——作為博物館的半坡

半個多世紀過去了，回首往事，西安半坡博物館的籌畫者和建設者們也許沒有想到，作為史前遺址博物館的開創者，他們的辛勤工作對中國博物館事業來說具有著怎樣的開創意義。

第七章　何以半坡——一座原始村落被發現、發掘和傳承的價值
第三節　發掘——作為考古典範的半坡

考古人員正在對遺跡進行繪圖　　　　　　　　　半坡考古發掘現場

2・史前考古報告編寫典範

編寫出版的發掘報告《西安半坡》，資訊量大，方向廣，研究結論富於啟發性，創立了完美的史前考古報告範本。報告的結構、主要章節內容、插圖編排、表格與附錄樣式，都是後來學者必仿的格式。其中幾幅彩陶演變圖成為經典之作，被相關論著反覆援引。即使是那些石器與陶器的線描圖，也都是考古繪圖的經典之作。半坡報告插圖很可能在今後也是一個難以逾越的高峰。

3・考古人類學研究典範

對半坡所獲資料的解釋，有考古年代學的，有文化人類學的，在對聚落佈局問題、生業方式問題、農業起源問題、氏族制度問題、墓葬制度

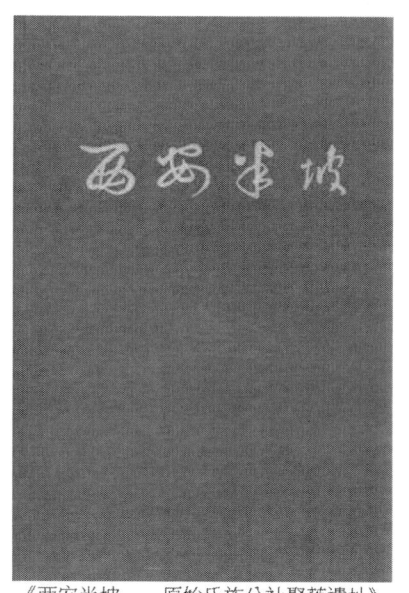

《西安半坡——原始氏族公社聚落遺址》考古發掘報告

問題、甕棺葬穿孔與靈魂崇拜問題、鳥崇拜問題、彩陶紋飾的演變及意義的解釋等方面，其研究都走在時代前面。而且，引進多種自然科學方法，開創中國環境考古研究先河。半坡考古報告對資料進行了綜合研究，為重構半坡人的生存環境、社會生活與精神生活作出了巨大努力，而這正是後來西方新考古學所追求的目標。

沉睡六千年的半坡遺跡

（二）進入歷史教科書

　　教科書一向被視為民族之魂，當半坡村這個名字進入小學歷史教科書，半坡就不再是西安的半坡，而成為全民族的半坡了。很多來到半坡的成年人都會有一個共同的感嘆：我很小的時候就知道半坡。可見半坡遺址已經深入到公眾的知識結構中，許多國人是通過半坡開始認識史前中國的。

第三節　發掘
——作為考古典範的半坡

　　這是中國社會科學院考古研究所王仁湘先生的評價，出自他在「紀念半坡遺址發現 60 周年暨石興邦先生 90 華誕國際學術研討會」上的總結發言。如果說，半坡遺址獲得的巨大社會影響使之獲得了廣泛的民眾基礎，那麼，半坡遺址在考古學學科建設方面的貢獻則樹立了其在專業領域的牢固根基。

　　半坡考古典範，可以簡稱為半坡典範，這是中國考古學取得的第一個重要成就。半坡的發現，有文物本體的目標意義，也有考古理論與方法的意義，顯示了中國考古學一個非常明顯的進步。

1．大型聚落址發掘典範

　　半坡遺址發掘面積大，參與人員眾多，田野工作時間較長，發掘組織有方。對於複雜遺跡現象的處理摸索出許多成功經驗，半坡為大遺址發掘提供了一個範例。

第七章　何以半坡——一座原始村落被發現、發掘和傳承的價值
第二節　背景——和平建設時期的開端

第二節　背景
——和平建設時期的開端

對今天的人們來說，長期的和平生活使「戰亂」一詞的含義已經不再那麼敏感了。而對1950年代的中國人來說就完全不同，當時中國社會剛剛進入穩定時期，人們對安定的生活充滿期望。這時，半坡遺址橫空出世，懷著好奇和新奇的心情去看一座6000多年前的村莊，其心情之輕鬆可想而知。

（一）到半坡去看考古
——60年前的一句時髦話

進入21世紀，「公眾考古」、「大眾考古」熱遍了神州大地，讓考古親近大眾的呼聲一浪高過一浪。當追溯這一親民舉措的源頭，學者們都不約而同地想到了半坡。所以，半坡遺址的發掘不但將一座史前村落遺址呈現在世人面前，還第一次將發掘過程直接呈現給大眾。

考古人員在參觀現場向民眾講解半坡遺址

民眾參觀半坡遺址考古發掘現場

沉睡六千年的半坡遺跡

半坡遺址從發現和發掘開始，到現在已經 60 多年了，其價值並未隨歲月的流逝而衰減，反而因時間的延展更顯得歷久彌新。這一現象絕非偶然，社會背景、考古學科建設和博物館文化傳播功能的實現，是形成這一現象的根本原因。

第一節　發現
——作為史前村落的半坡

人類的歷史很長，中國的史籍汗牛充棟，但是，說到原始人的生活，多少年來人們只能在「刀耕火種」、「茹毛飲血」的點滴記載中馳騁想像。半坡遺址的發現，將 6000 年前的史前遺址擺在了世人面前，其引發的震撼和轟動是可想而知的。

從國家領導人到普通百姓，從外國元首到新聞媒體，一時間對半坡遺址趨之若鶩。西安半坡遺址發掘的消息像長了翅膀一樣，迅速傳遍了西安，為了滿足廣大觀眾的參觀需求，1955 年年底，中國社會科學院考古研究所在西安半坡遺址考古現場舉辦了小型展覽，展覽分為考古現場和出土文物兩部分。在將近一個月的展覽期間，前來參觀的有附近農民、工人、機關幹部和中小學生，累計達十數萬人。

第七章 何以半坡
—— 一座原始村落被發現、發掘和傳承的價值